Claus Baalmann/VolkerMöhle/Thomas Weinhardt

Das ist Windsurfen

Delius Klasing Verlag

Dieses Buch beruht auf umfangreichen Erfahrungen der Autoren im Wassersportunterricht, unter anderem im Rahmen langjähriger Mitgliedschaft in Lehrteam und Vorstand des Verbandes Deutscher Windsurfing und Wassersport Schulen e.V. (VDWS).
Wir bedanken uns für die freundliche Unterstützung und kollegiale Beratung bei: Robert Bauer (F2), Florian Brunner (Mistral), Hans Eisenbeck (HiFly), Reinhard Voith (Open Ocean), Michael Schweitzer (Windward), Gisella und Gottfried Möller (Sail & Surf Pollença)

Die Deutsche Bibliothek – CIP-Einheitsaufnahme

Das **ist Windsurfen** / Claus Baalmann/Volker Möhle/Thomas Weinhardt. - 2. Aufl. - Bielefeld: Delius Klasing, 2000
ISBN 3-7688-1012-7
NE: Baalmann, Möhle, Weinhardt

2. Auflage
ISBN 3-7688-1012-7
© by Delius, Klasing & Co. KG, Bielefeld

Einbandgestaltung: Ekkehard Schonart
Demonstration: Dietmar Damith, Katrin Rühe und andere
Fotos: Autoren sowie Mistral (Ulli Seer, 2), F2 (Erik Aeder, 1; Thorsten Indra, 4), HiFly (Thorsten Indra, 6), North (Martin Bolle, 1)
Zeichnungen: Karin Buschhorn
Druck: Fa. Uhl GmbH, Radolfzell
Printed in Germany 2000

Delius Klasing Verlag, Siekerwall 21, D-33602 Bielefeld
Tel.: 0521/559-0; Fax: 0521/559-113
e-mail: info@delius-klasing.de
http://www.delius-klasing.de

Inhalt

Enjoy Wind-
surfing

Der Surfsport hat seit den ersten Anfängen einen riesigen Boom erlebt. Neue Boards und Riggs wurden entwickelt, ausgefeilte Trimmtricks und Tunings beherrschen die Szene. Besseres und leichteres Material ließ wieder neue Fahrtechniken entstehen, diese machten auch immer radikalere Bretter beherrschbar.

Was die Faszination des Windsurfens ausmacht, ist dennoch gleich geblieben. Windsurfen vermittelt ein Gefühl persönlicher Freiheit und Unabhängigkeit. Es ist erlebnisintensiv und bereichert immer wieder mit neuen Erfahrungen. Den Wind in den Händen halten, über das Wasser gleiten, abschalten und ausspannen, das macht Windsurfen zu einer der schönsten und vielfältigsten Sportarten.

Solche Wahrnehmungen zu erspüren, ist auch Grundlage des Lernens beim Surfen. Zwar gehören einige Kenntnisse über die Funktion von Brett und Segel zum Lernen dazu, aber am Wichtigsten ist das Gefühl für die Balance zwischen Körpergewicht und Windkraft. Mit richtiger Anleitung ist es kein Problem, in kurzer Zeit selbst Windsurfen zu lernen.

„Das ist Windsurfen" vermittelt die Grundlagen für einen erfolgreichen Start. Auch die weiterführenden Techniken wie Strandstart, Trapezsurfen und Gleiten sind bereits bei mittlerem Wind erlernbar und zweckmäßig einzusetzen. Dieser Level kann ohne intensives Training bereits bei gelegentlichem Üben erreicht werden. Ergänzt wird dieser Teil um eine Palette anspruchsvoller Übungen und Manöver, die auch bei leichtem Wind einfach Spaß machen, wenn die ersten Fortschritte beim Lernen gemacht sind. Und das ist auch das Motto dieses Buches: Windsurfen nicht als Leistungssport, sondern: Enjoy Windsurfing!

Material

Shortys gibt es als Sommerschutzanzüge (Materialkombination aus dünnem Neopren und Lycra oder hergestellt aus zwei bis drei Millimeter starkem Neopren). Mit kurzem Arm und Bein eignen sich Shortys besonders für den Einsatz bei höheren Wasser- und Lufttemperaturen.

Neoprenbekleidung

Neoprenanzüge sind nicht nur Kälteschutzanzüge, sondern bewahren auch vor Abschürfungen und bieten beim Schwimmen zusätzlichen Auftrieb und damit mehr Sicherheit. Sie müssen sich flexibel am Körper anschmiegen und jede Bewegung mitmachen, ohne jedoch Beklemmungen beim Luftholen zu provozieren.

Einige Hersteller verwenden bei hochwertigen Anzügen insbesondere für die am meisten kältegefährdeten Rücken- und Brustpartien eine stark wärmereflektierende Titaniumbeschichtung. Titanium hält die Wärme im Anzug und sorgt für bis zu 20 % bessere Isolationswerte als unbeschichtetes Neopren gleicher Stärke.

Anzüge werden in unterschiedlichen Neoprenstärken (von ca. zwei bis fünf Millimeter) und Materialkombinationen hergestellt. Nur sogenannte Trockenanzüge sind völlig wasserdicht; bei den anderen Anzügen tritt stets etwas Wasser ein. Die dünne Wasserschicht zwischen Haut und Neopren wärmt sich aber durch die Körpertemperatur in Sekundenschnelle auf.

Für die Qualität eines Neoprenanzugs sind das Material und die Verarbeitung ausschlaggebend. Überwiegend wird schwarzes Neopren verarbeitet, weil zusätzliche Farbstoffe die Eigenschaften des Materials (Haltbarkeit) oft nachteilig beeinflussen. Das Neopren wird millimetergenau in kom-

Für unterschiedliche Temperaturbedingungen werden Neoprenanzüge als Trockenoverall, Varioanzug oder Shorty angeboten.

Für Kinder bietet sich ein in der Länge verstellbarer Long John (Trägerhose) mit Jacke an.

plizierte Teilflächen geschnitten, die anschließend vernäht und verklebt werden. Ansatzstellen von Reißverschlüssen, die Schrittpartie und die Kniebereiche sollten besonders verstärkt sein – das sind erfahrungsgemäß typische Schwachstellen.
Neopren enthält sogenannte Weichmacher, die für eine gute Elastizität notwendig sind. Diese Weichmacher, aber auch andere Bestandteile des Neoprens und die innere, meist aus Nylon bestehende Beschichtung, können bei empfindlicher Haut zu Allergien führen. Neue Neoprenentwicklungen sind so zusammengesetzt, dass die Abgabe von Allergenen auf ein kaum messbares Minimum reduziert wird.
Wie die Neoprenanzüge bieten auch Schuhe aus Neopren nicht nur Kälte-, sondern auch Verletzungsschutz. Sie müssen eine weiche Sohle haben, damit sie rutschfest sind.

Ein Allrounder unter den Neos ist der drei bis vier Millimeter starke Variooverall mit langen Beinen, aber abnehmbaren Ärmeln für verschiedene Temperaturbedingungen.

11

Das Board

Moderne Surfboards sind leicht – etwa 12 bis 15 kg wiegt ein langes Einsteigerbrett mit Schwert, weniger als 7 kg ein kurzes schwertloses Speed- oder Waveboard. Das Brettvolumen entscheidet über die Tragfähigkeit und in Verbindung mit anderen Konstruktionsmerkmalen wie Längen- und Breitenverhältnis sowie Form des Unterwasserschiffs auch über die Kippstabilität des Boards. Ist das Board zu kippelig, wird das Lernen unnötig erschwert.

Surfboards bestehen aus einem Schaumkern und einer Hülle. Der Schaumkern gewährleistet mit seinem geringen spezifischen Gewicht, dass ein Surfbrett unsinkbar ist. Selbst wenn Wasser in den Schaumkern eindringen kann, reicht der Auftrieb aus, um das Brett als Rettungsinsel zu benutzen. Die Lebensdauer von Surfbrettern ist sehr hoch. Schäden treten fast nur auf, wenn durch aufgeplatzte Nähte oder mechanische Beschädigungen Wasser in den Schaumkern eindringen konnte.

Für die Herstellung von Boards werden verschiedene Verfahren angewendet. Ein Laminat (Kunststoffgewebe mit Harz) wird in mehreren Schichten um eine vorgefertigte (geshapte) Schaumform gelegt. Ein günstiges Gewichts-/ Volumenverhältnis und eine extreme Längssteifigkeit der Boards wird durch die Verwendung von Carbontechnologien (Vollversion- oder Sandwichverfahren) in Kombination mit Hartschaumplatten erreicht. Eine Variante in dieser Technik stellt das Aufpressen von zwei vorlaminierten Halbschalen (Ober- und Unterseite des Boards) mit Hitze und Druck auf einen Schaumkern dar.

Genau umgekehrt ist eine Herstellung, bei der zunächst ein Kunststoffschlauch gegen die Innenwände einer rotierenden, erhitzten Form geblasen und gepreßt wird. Bei diesem Verfahren werden sehr schlagzähe Kunststoffe (z.B. Polypropylen) als Außenhaut verwendet. In die abgekühlte Hülle werden die Inlets (Schwert- und Finnenkasten, Mastschiene oder Mastspur, Fußschlaufenbefestigungen) eingesetzt und anschließend ein FCKW-freier Polyurethanschaum eingespritzt.

Im Rotationsverfahren hergestellte Boards sind robuster, aber weniger steif und etwas schwerer als laminierte Boards.

Das Schwert kann durch Fußdruck ein- und ausgeklappt werden.

Im Rotationsverfahren hergestellte Boards besitzen keine Naht an der Außenkante.

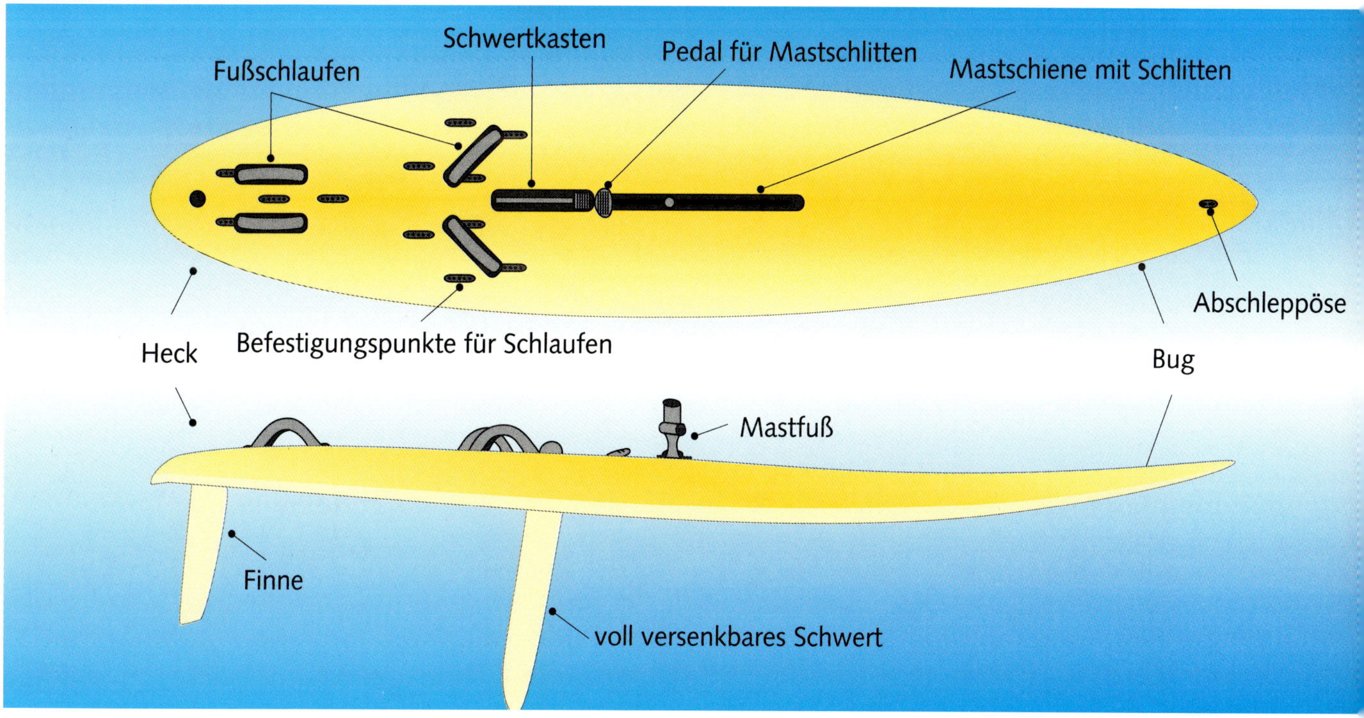

Fußschlaufen   Schwertkasten   Pedal für Mastschlitten   Mastschiene mit Schlitten

Abschleppöse

Heck   Befestigungspunkte für Schlaufen   Bug

Mastfuß

Finne

voll versenkbares Schwert

Boardtypen

Boards sollen
Spaß bringen!
Für jeden Zweck
gibt es das geeig-
nete Brett.

ÜBERSCHUSSVOLUMEN

Beispielrechnung

Brettvolumen:	180
Brettgewicht:	-15
Rigg und Ausrüstung:	-10
Körpergewicht:	-75
Überschussvolumen:	75

Surfbretter lassen sich in zwei Gruppen einteilen: Longboards haben so viel Volumen, dass man auch bei wenig Wind sicher auf dem Brett steht. Bei Shortboards ist das Volumen so gering, dass sie erst in Fahrt durch den hydrodynamischen Auftrieb sicheren Stand bieten.

Longboards, die vor allem auch bei Leichtwind eingesetzt werden, brauchen ein großflächiges Schwert, damit sie nicht seitlich abtreiben. Shortboards, die bei stärkerem Wind eingesetzt werden, kommen ohne Schwert aus; die Finne bietet genügend Widerstand.

Das sogenannte Überschussvolumen eines Boards muss für die ersten Surferfahrungen mindestens dem eigenen Körpergewicht entsprechen, mehr ist besser! Für einen Surfer mit 75 kg Gewicht ist ein Brett mit 180 l Volumen gerade noch ausreichend, für ein Leichtgewicht von 50 kg bietet das gleiche Brett genügend Reserven.

Bei Longboards reicht das Volumen von etwa 160 l bis über 240 l, wobei die Bauformen erhebliche Unterschiede zeigen. So kann aus einer Länge von etwa 330 cm bei 62 cm Breite ein Volumen von 170 l resultieren, bei 78 cm Breite dagegen gleich rund 40 % mehr, nämlich stattliche 240 l. Ein vergleichbares Volumen ergibt sich jedoch bei der geringen Breite von etwa 62 cm bis 64 cm auch bei einem Brett von etwa 370 cm bis 380 cm Länge.

Generell sind bei gleichem Volumen breitere Bretter mit flachem Unterwasserschiff kippstabiler, oft auch drehfreudiger; längere Bretter haben den besseren Geradeauslauf und sind bei mehr Wind schneller. Kurze, breite Bretter mit viel Volumen sind besonders beliebt als Lernbretter. Die etwas gestreckteren Bauformen unter den Long-

boards sind dagegen je nach Volumen und Fahrkönnen für den Einsatz von Leichtwind bis Starkwind tauglich.

Bei den Fahreigenschaften ist der Übergang von Longboards geringen Volumens zu den größeren Shortboards (ab etwa 140 l) praktisch nahtlos. Wegen ihrer Vielseitigkeit beliebt sind die Slalomboards. Die Palette reicht von Race-Slalomboards für Speedfahren (ab etwa 295 cm Länge bei 55 cm bis 60 cm Breite, 110 l bis 140 l Volumen) in vielen Zwischenstufen bis zu den kurzen manöverorientierten Wave-Slalomboards (um 265 cm lang, 50 cm bis 52 cm breit, 80 l bis 90 l Volumen). '

Waveboards sind mit 230 cm bis 270 cm Länge die kürzesten Bretter (Breiten von etwa 52 cm bis 56 cm, etwa 70 l bis 95 l Volumen). Diese Shortboardklasse hat ihre Grenzen und wird nur von wenigen Cracks wirklich beherrscht.

Unkomplizierter Spaß am Windsurfen: Großvolumige Longboards tragen sogar zwei Erwachsene.

Links: Powerbox. Die Finne wird mit einer durchgehenden langen Schraube von oben befestigt.

Rechts: Die Mastfußposition ist während der Fahrt durch Pedaldruck veränderbar.

Die Schlaufenposition wird nach eigenem Fahrstil, Könnensstufe, Boardtyp, Einsatzbereich sowie Körpergröße und -gewicht eingestellt.
Der Spann darf nicht durchrutschen.

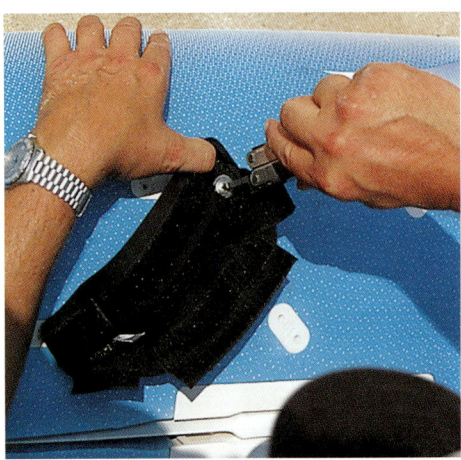 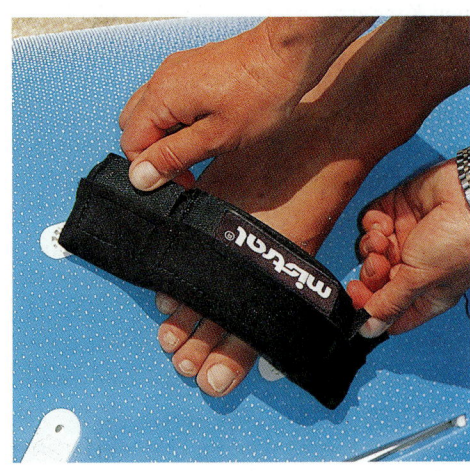

Board-Tuning

Grundlegende Fahreigenschaften eines Boards sind durch Länge und Breite, Volumen und Volumenverteilung, äußere Kontur (Outline), Aufbiegung von Bug (Scoop) und Heck (Rocker), Form des Unterwasserschiffs und die Kanten vorgegeben. Dennoch lässt sich fast jedes Brett für unterschiedliche Einsatzzwecke tunen.

Die Position des Mastfußes beeinflusst den Längstrimm des Brettes. Als einfache Faustregel gilt: Rigg nach vorn belastet den Bug, und die Wasserlinie wird länger. Das bringt bessere Eigenschaften beim Kreuzen gegen den Wind; schwergewichtige Fahrer können so das Heck entlasten und durch bessere Gewichtsverteilung das Angleiten erleichtern. Wird der Mastfuß ganz hinten gefahren, wird das Brett durch die kürzere Wasserlinie kurvenfreudig: ideal für Halsen. Aber auch, wenn der Auftrieb vor dem

Mast für einen Seitenwechsel bei einer Wende nicht reicht, kann eine hintere Mastspurposition die nötigen Auftriebsreserven im Bugbereich schaffen.

Mit unterschiedlichen Finnengrößen wird das Fahrverhalten des Brettes nachhaltig verändert, ebenso durch unterschiedliche Formen (Umriss) und Profil. Die optimale Finne ist vom Board- und Segeltyp, aber auch von den Windbedingungen abhängig. Ist die Finne zu groß, wird das Board unruhig und beginnt zu steigen. Eine zu kleine Finne erschwert das Angleiten, das Board läuft weniger Höhe. Longboards mit kleinen Kinderriggs manövrieren schlecht, da Segeldruck und Hebel nicht ausreichen. Hier hilft eine ganz kleine Finne, damit das Brett besser dreht.

Wavefinnen – die wendigsten unter den Finnen – sind ca. 19 cm bis 27 cm lang, haben viel Aufbiegung (Rake) nach hinten und dickere Profile. Race- und Race-Slalomfinnen sind auf Highspeed getrimmt. Sie besitzen einen Tiefgang von ca. 28 cm bis 46 cm, sind ideal bei leichtem und mittlerem Wind. Slalomfinnen (ca. 27 cm bis 43 cm) sind mit Allroundeigenschaften (Mischung aus Speed- und Manövertauglichkeit) ausgestattet. In Revieren mit Seegras sollte eine Seegrasfinne montiert werden. Sie ist nach hinten gewölbt, damit sich das Gras nicht verfängt und das Brett ausbremst. Der Tiefgang ist mit ca. 20 cm bis 23 cm sehr gering. Variablen Trimmkomfort bietet das Powertrimm-System. Vier definierte Finnenpositionen (speed- oder manöverorientiert) ermöglichen individuelles Tuning für verschiedene Finnentypen. Eine vordere Finnenposition macht das Brett unruhiger, aber drehfreudiger; eine hintere Position verbessert den Geradeauslauf.

Mit zunehmender Fahrt wird die Finne so stark angeströmt, dass zur Luvseite gerichtete Kräfte entstehen, die das Brett auf Kurs halten und ein Schwert überflüssig machen.

Auf Shortboards wird der Mastfuß in der Mastspur (meist ein Finnenkasten) festgeschraubt.

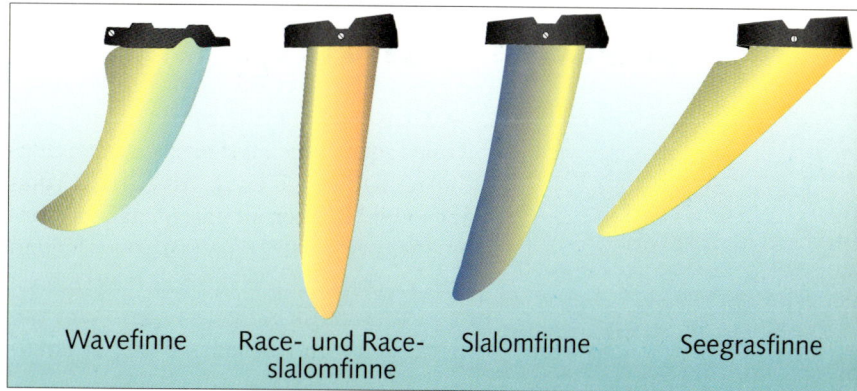

Wavefinne · Race- und Race-slalomfinne · Slalomfinne · Seegrasfinne

Das Rigg

Das Rigg ist eine Funktionseinheit aus Segel, Mast, Mastfuß und Gabelbaum. Die Komponenten sollten exakt aufeinander abgestimmt sein. Segel werden deshalb nicht nur mit der Größe der Segelfläche gekennzeichnet, sondern auch mit Angaben zur genauen Länge des Vorlieks, des Gabelbaums sowie mit entsprechender Mastempfehlung.

Masten werden meist aus glasfaserverstärktem Kunststoff gewickelt. Hochwertige Masten werden aus Carbon gefertigt. Sie sind besonders leicht (ca. 1,5 kg bis 2,5 kg). Sie besitzen dank hoher Rückstellgeschwindigkeit ein großes Leistungspotential und mittlerweile auch eine sehr hohe Bruchfestigkeit. Die Angaben zu Länge, Härte, Biegesteifigkeit sind auf den Mast aufgedruckt. Teilbare Masten, bei denen sich die Mastspitze (Topp) in der unteren Masthälfte (Base) verstauen lässt, sind ein echter Vorteil für Transport und Handling.

Der Gabelbaum muss als Frontstück einen Schnellverschluss haben. Damit ist er einfach und zügig am Mast montiert und leicht in der Höhe verschiebbar. Praktisch sind Variogabelbäume. Sie sind teleskopartig verstellbar und können für verschiedene Segelgrößen verwendet werden.

Der Mastfuß besitzt ein allseitig bewegliches Gelenk (Kardan) oder ein aus Gummi oder Kunststoff gefertigtes Verbindungsstück (Powerjoint), damit das Rigg flach auf dem Wasser abgelegt werden kann.

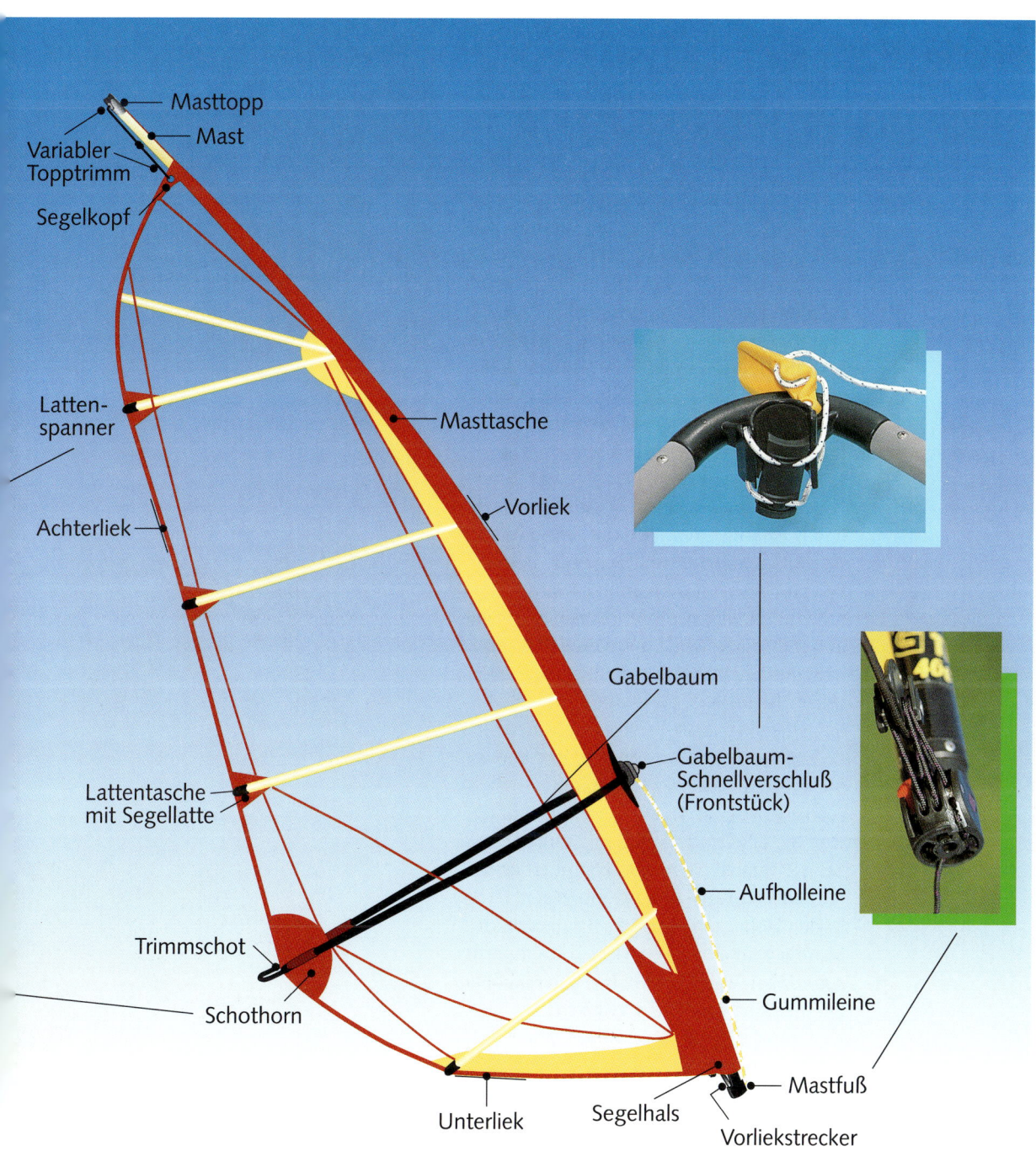

Masttopp

Mast

Variabler Topptrimm

Segelkopf

Latten-spanner

Achterliek

Masttasche

Vorliek

Gabelbaum

Gabelbaum-Schnellverschluß (Frontstück)

Lattentasche mit Segellatte

Aufholleine

Trimmschot

Gummileine

Schothorn

Mastfuß

Unterliek

Segelhals

Vorliekstrecker

19

Aufgeriggt in vier Minuten

Die richtige Reihenfolge erleichtert den Aufbau des Riggs. Bevor ein teilbarer Mast in die Masttasche geschoben wird, sollte die Nahtstelle zwischen den beiden Masthälften mit Tape abgedichtet werden, damit kein Sand in die Verbindungsmuffe eindringen kann. Die Masthälften lassen sich sonst nur schwer wieder auseinanderziehen.

Praktisch sind variable Topptrimm-Einrichtungen. Diese befinden sich am Segelkopf und ermöglichen die Anpassung des Segels auf unterschiedliche Mastlängen. Bei diesem System wird zuerst die Vorliekslänge an die Mastlänge angepasst. Dabei müssen zwei bis drei Handbreit Platz zwischen Segelhals und Mastfußoberteil bleiben; soviel wird das Vorliek beim Trimmen (Spannen) nach unten gezogen. Anschließend wird der Mastfuß mit Hilfe des Vorliekstreckers befestigt, das Vorliek vorgespannt und der Gabelbaum am Mast angeschlagen.

Die optimale Gabelbaumhöhe ist von Riggtyp und Fahrkönnen abhängig; sie sollte zwischen Brustbein und Kinn sein.

Bei einem Variobaum wird zunächst die richtige Länge eingestellt (Abstand zwischen Vorliek und Schothorn) und dann die Trimmschot vorgespannt. Erst danach werden Vorliekstrecker und Trimmschot soweit durchgesetzt, bis das Segel faltenfrei steht. Bei dem hier abgebildeten Schulrigg können die Latten nach dem Trimmen in die Taschen geschoben werden.

Eine individuelle Gabelbaumhöhe kann farblich markiert werden. Die Länge des Gabelbaums wird geprüft, bevor der Mast in die Masttasche geschoben wird.

Erst Vario-Topptrimm auf die Mastlänge einstellen, danach Vorliekstrecker zwischen Mastfuß und Segelhals vorspannen.

Den Gabelbaum in Höhe der Farbmarkierung befestigen.

Die Trimmschot spannen; anschließend das Vorliek mit einer Trimmhilfe (z.B. Trapezhaken) durchsetzen.

Zum Schluss: Latten einsetzen, Segeltrimm kontrollieren.

Bei Vergleichs-
fahrten zeigt sich
die Leistungs-
fähigkeit unter-
schiedlicher Segel:
vorne ein durch-
sichtiges Segel
aus Monofilm mit
typischen Elemen-
ten eines Slalom-
segels; hinten ein
robustes, manö-
verfreundliches
Segel aus Dacron
mit einem Segel-
fenster aus PVC.

Riggtypen

Für verschiedene Einsatzzwecke gibt es nicht nur Segel in verschiedenen Größen, sondern auch mit unterschiedlichen Schnitten und darauf abgestimmten Komponenten des Riggs: Mast mit harter oder weicher Biegekurve, eventuell mit Verlängerung, sowie Gabelbaum entsprechender Länge und Form.

Segel unterscheiden sich durch die äußere Form (gerade, gerundete oder ausgestellte Lieken), die Profilgebung (flach oder tiefer, Latten mit oder ohne Profilgeber) und das Material (Folie oder Tuch).

Racesegel für große, mit Schwert ausgerüstete Raceboards sind auf optimale Stabilität ihres tiefen Profils, frühes Angleiten und hohe Geschwindigkeit ausgelegt. Das Unterliek ist weit ausgestellt, damit das Segel auf das Deck gezogen werden kann (close the gap).

Aus dem World Cup mit superleichten Race-Slalomboards wurden entsprechende Race-Slalomsegel in Serie umgesetzt. Sie sind für hohe Geschwindigkeit, aber mit etwas flacherem Profil weniger auf frühes Angleiten ausgelegt.

Waveriggs haben ein hochgeschnittenes Unterliek, enge Masttasche ohne Camber (Profilgeber) und einen relativ kurzen Gabelbaum. Sie sind ideal auf Waveboards einzusetzen. Neben guten Handlingeigenschaften ist bei Waveriggs vor allem eine hohe Bruchfestigkeit gefragt, damit sie in brechenden Wellensets standhalten.

Im Gegensatz zu diesen Spezialriggs bieten Slalomriggs eine Kombination aus einfa-

Links: Ein Folien-
segel im typischen
Slalomschnitt.

Mit Profilgebern,
den Cambern,
wird die vordere
Profilkante stabil
gehalten und die
Lattenrotation
verbessert.

chem Manöverhandling und Speedpoten-
tial. Die Optimierung erfolgt durch unterschiedliche Detaillösungen (Zahl und Aus-
legung der Camber, enge oder weite
Masttaschen, Materialkombination, Out-
linevarianten). Mit ihren Allroundeigenschaften passen Slalomriggs zur entsprechenden Klasse der Slalomboards, aber
auch zu Longboards.

Einsteiger- (oder auch Trainings- bzw.
Schulriggs) sind einfach auf- und abzubauen, leicht und robust. Miniriggs werden
speziell für Kinder angeboten.

Die verschiedenen Riggs gibt es mit unterschiedlichen Segelgrößen, am meisten ver-
breitet sind (in Abständen von etwa 0,3 qm)
Flächen von 3,8 qm bis 6,5 qm. Noch
größere Segel, 7 qm bis 9,5 qm, werden für
Schwachwind eingesetzt. Für die Kids
reicht die Palette von 1,5 qm bis 3,5 qm.

Surfen bei super
Sonnenschein
schadet Foliense-
geln kaum. Aber
in UV-intensiven
Revieren sollte
das Rigg bei der
Lagerung an Land
unbedingt im
Schatten liegen,
da nach ca. 150
bis 200 Stunden
direkter Sonnen-
bestrahlung das
Material bis zur
Hälfte seiner Halt-
barkeit einbüßt.

23

Experten kontrollieren und prüfen den richtigen Segeltrimm, wenn Trimmschot und Vorliekstrecker durchgesetzt sind. Oft sind kleine Trimmkorrekturen nötig, damit das Segel die beste Leistung entwickeln kann.

Rigg-Tuning

Die Luftströmung wird an der äußeren und inneren Wölbungseite eines Segelprofils unterschiedlich stark beschleunigt. Auf der Außenseite entsteht durch höhere Strömungsgeschwindigkeit ein Unterdruck, auf der Innenseite Überdruck. Die Summe der so entstehenden Kräfte setzt am Segeldruckpunkt an. Die Lage des Segeldruckpunkts und die Profiltiefe entscheiden darüber, wieviel Vortriebskraft und wieviel unerwünschte seitlich gerichtete Kräfte erzeugt werden.

Das Profil wirkt optimal, wenn die Luftströmung möglichst ohne Wirbel (laminar) vom Vorliek bis zum Achterliek anliegt. Für unterschiedliche Strömungsgeschwindigkeiten sind dabei unterschiedliche Profilverläufe erforderlich. Bei weniger Wind soll

das Segelprofil tiefer sein, damit zügiges Angleiten möglich ist. Bei mehr Wind muss das Profil flacher sein für optimalen Speed. Weil sich die Windbedingungen während der Fahrt aber ständig ändern, werden Segel so konstruiert, dass ihr Profil einerseits druckpunktstabil ist; das ist Voraussetzung für gutes Handling. Sie sind deshalb meist durchgelattet, das heißt, die Latten reichen vom Mast bis zum Achterliek bzw. Unterliek. Andererseits muss des Segel trotz des stabilen Profils bei zuviel Wind (überpowert) im oberen Bereich auch aufmachen können (twisten). Nur dann liegt die Strömung optimal an. Erwiesenermaßen ist ein frei auswehendes Achterliek, das gerade nicht flattert, am schnellsten. Krallt dagegen das Achterliek, entwickelt der obere Bereich des Segels kaum Wirkung, die Leistung nimmt deutlich ab, das Rigghandling wird drastisch schlechter.

Durchgelattete Segel sind so ausgelegt, dass sie nur bei ganz bestimmtem Trimm das optimale Profil ausbilden und so die bestmögliche Leistung liefern. Das Rigg-Tuning erfolgt mit Vorliekstreckung sowie Schothornspannung und der Vorspannung der Latten. Der Feintrimm funktioniert besonders gut mit einem Cambersystem, das den Lattendruck direkt auf den Mast überträgt und die Profilkante stabilisiert.

Damit die Windströmung möglichst lange laminar am Profil anliegt, wird bei leichterem Wind Vorliek- und Schothornspannung etwas schwächer getrimmt. Bei zunehmendem Wind müssen Vorliek und Schothorn stärker durchgesetzt werden, um das Segel flacher zu ziehen. Die Änderungen hierfür liegen jedoch im Bereich von wenigen Zentimetern, wenn das Profil noch optimal erhalten bleiben soll.

Bei starkem Wind bzw. im überpowerten Bereich muss das Vorliek stramm durchgesetzt werden.

An Land wird das Profil mit und ohne Twisteffekt geprüft. Beim Optimieren des Trimms an Land lässt sich der Twist simulieren, indem bei flachliegendem Rigg Mastfuß und Masttopp auf den Boden gedrückt werden.

Grund-
technik

Wind

Wind zeigt sich an bewegten Zweigen und Ästen, an gekräuseltem Wasser und höheren Wellen oder fliegendem Wasser bei Sturm. Die Wirkung unterschiedlicher Windbedingungen, die Windstärke, wird mit der Beaufortskala von 1 Bft. bis 12 Bft. beschrieben. Die Windgeschwindigkeit wird in Kilometern pro Stunde (km/h), Metern pro Sekunde (m/s) oder beim Wassersport oft auch statt in metrischen Angaben in Knoten (Seemeilen pro Stunde) gemessen.

Neben der Windgeschwindigkeit ist für Spaß und Sicherheit beim Windsurfen vor allem die Windrichtung wichtig. Dabei kommt es weniger auf die Himmelsrichtungen an, aus denen der Wind kommt, sondern auf die Richtung bezogen auf den Uferverlauf, ob also der Wind auf- oder ablandig oder mehr oder weniger parallel zum Strand weht. Boote vor Anker oder Fahnen zeigen die Windrichtung an, aber auch die durch den Wind entstehenden Wellen geben Hinweise.

Auflandiger Wind erzeugt kurze, steile Wellen, die auf das Ufer laufen. Das Risiko bei dieser Windsituation ist gering, weil man auf jeden Fall zum Ufer zurückkommt. Ablandiger Wind kann auf größeren Gewässern sehr gefährlich sein, weil die Wind- und Wasserbedingungen vom Ufer aus nur schwer einzuschätzen sind. Die Wasseroberfläche sieht in Ufernähe glatt aus; Wellen entstehen erst in einigem Abstand vom Ufer, dort ist der Wind wegen der Abdeckung am Ufer auch wesentlich stärker. Paralleler Wind – sideshore – bietet gute Bedingungen. Die Wellen laufen nicht so steil auf den Strand wie bei auflandigem Wind, und die Gefahr des Abtreibens aufs offene Wasser wie bei ablandigem Wind besteht nicht.

Bezogen auf die eigene Position zum Wind wird nach Luvseite und Leeseite unterschieden. Luv ist die dem Wind zugewandte, Lee die vom Wind abgewandte Seite. Sieht man also ein Surfbrett in Lee, ist die eigene Position bezogen auf dieses Brett in Luv.

Alle Richtungsänderungen, aber auch die Ausweichregeln orientieren sich bei Segelsportarten an Luv- und Leeposition. Wer in Luv ist, hat eine bessere Position, weil das Surfen zum Wind hin schwieriger ist, als in Windrichtung zu segeln.

Solange man sich nicht bewegt, werden nur Stärke und Richtung des atmosphärischen Windes wahrgenommen. Beim Surfen entsteht zusätzlich Fahrtwind. Er lässt mit dem atmosphärischen Wind den relativen Wind entstehen, den eigentlichen Antrieb beim Surfen.

Auflandig

Lee

Sideshore

Luv

Lee

Luv

Ablandig

Erstes Boardtraining

Windsurfen ist einfach – dennoch können einige Boardtypen ganz schön sensibel und kipplig sein, zumindest in den ersten Minuten. Für das Training sollten Einsteiger deshalb ein kippstabiles, drehfreudiges Longboard mit viel Volumen und Schwert auswählen. Ideale Bedingungen für das erste Boardtraining sind warme, stehtiefe Gewässer mit feinem sandigen Untergrund. Nur dort sind Schuhe entbehrlich.

Die stabilste Stelle liegt im Bereich des Schwertkastens, dort steigt man sicher auf. Bei den ersten Übungen erhöht das ausgeklappte Schwert die seitliche Kippstabilität. Nicht nur das Schwert, sondern alle ins Wasser eintauchenden Teile (Lateralfläche) bestimmen das Dreh- und Kippverhalten sowie den Geradeauslauf eines Boards.

Nicht nur bei Balanceübungen, sondern auch beim Paddeln mit dem Brett oder in flachem Wasser stehend lassen sich wesentliche Eigenschaften des Brettes erkunden. Mit ausgeklapptem Schwert dreht das Brett bei seitlichem Druck um einen Punkt etwa im hinteren Bereich des Schwertkastens. Wird das Schwert eingeklappt, dreht das Board um einen Punkt etwas vor der Finne. Dieser Drehpunkt ist der Lateraldruckpunkt, in dem die Summe aller Käfte angreift, die auf die Lateralfläche wirken.

Wer am Heck trägt, sollte darauf achten, dass die Finne nach außen zeigt. Ihre scharfen Kanten könnten schnell ein Loch in den Neo reißen.

Wer alleine trägt, greift mit der heckwärtigen Hand um das Brett. Die Finger der vorderen Hand stabilisieren die Brettbalance.

Zum Heck und zum Bug gehen, ohne ins Wasser zu fallen! Gemeinsam machen Brettspiele besonderen Spaß. Man lernt Gleichgesinnte schnell kennen und entdeckt ein völlig neues Brett- und Körpergefühl.

Balanceübungen bieten auch gute Gelegenheit, anfängliche Ängste und Unsicherheiten abzubauen.

Im Schwertkastenbereich ist das Board am stabilsten. Dort lassen sich wahre Kunststücke vollziehen.

Riggtraining

Nicht nur von Luv am Gabelbaum ziehen, sondern auch in Lee stehen und so die Windkraft spüren. Dabei den Wechsel von Zug- und Druckphasen erlernen.

Für die Vorbereitung auf fast alle Manöver ist das Riggtraining die ideale Trainingsform. Bewegungsabläufe, die auf dem Wasser zügig ausgeführt werden müssen, können an Land in aller Ruhe und ohne Angst vorm Reinfallen probiert und eingeübt werden. Zusätzliche Bewegungserfahrungen werden gesammelt, ohne mit der Balance kämpfen zu müssen.

In Surfschulen ist das Riggtraining wesentlicher Bestandteil des Unterrichts. Hilfestellungen und Korrekturen durch die Lehrer können sehr schnell und effektiv erfolgen. Am Anfang wird spielerisch das sichere und leichte Handling mit dem Segel sowie die kontrollierte Riggführung geschult. In Kombination mit dem Wind kann ein Rigg große Kräfte entwickeln. Mit entsprechendem Wissen und Können lassen

sich diese Kräfte jedoch spielend leicht kontrollieren. Ein Prinzip, das sich bis in den Starkwindbereich fortsetzt, ist, das Segel leicht zu stellen, d.h. das Rigg so in den Wind zu lehnen, dass es sekundenlang im Gleichgewicht steht. Dann reichen zwei Finger, das Rigg zu kontrollieren.

Ein weiteres Prinzip stellt die Zug- und Druckphase dar. Wer den Wind durch Segeldrehung nach hinten einfängt, steht in Luv vom Segel und verspürt Zug in den Armen. Um auf der Leeseite des Segels zu stehen, muss man gegen den Gabelbaum drücken. Ideal zur ersten Erprobung der Zug- und Druckphase eignet sich der Notstopp, bei dem das Segel gegen den Wind gedrückt wird. An Land lässt sich der Phasenwechsel sehr gut trainieren – auch für schwierigere Manöver.

Riggs lassen sich leicht über dem Kopf oder vor dem Körper tragen. Der Mast zeigt dabei nach Luv, der Wind hebt das Segel an.

Unter dem Unterliek des frei stehenden Riggs durchzutauchen gelingt nicht auf Anhieb.

Das Rigg ist leicht und steht sekundenlang im Gleichgewicht. Zeit genug für ein paar Tricks.

Wer im Sitzen mit den Händen nur an Mast und Unterliek die Kontrolle über das Rigg behält, setzt nicht Kraft, sondern richtige Technik ein.

Starttraining

Das Rigg liegt in Lee, das Brett quer zum Wind.

Ein Fuß steht dicht vor dem Mast, einer am Schwert.

Kraftsparende Techniken zum Aufsteigen, Riggaufholen, Brettausrichten und Anfahren sollten zuerst ausgiebig an Land trainiert werden, um von Beginn an falsche Körperhaltungen zu vermeiden.

Das Brett – die Finne ist abmontiert – wird dazu quer zum Wind gelegt, das Rigg liegt in Lee. Der Mast liegt etwa im rechten Winkel zur Boardlängsachse. Ob das Schothorn zum Bug oder Heck zeigt, ist bei Übungen an Land gleich.

Zum Rigg aufholen – die Füße stehen links und rechts vom Mast auf der Boardlängsachse – wird wenig Kraft, dafür vielmehr das vorhandene Körpergewicht eingesetzt und an die Aufholleine gehängt.

Nur in aufrechter Haltung und mit gestrecktem Oberkörper wird die Wirbelsäule – insbesondere Hals- und Lendenwirbelbereich – wenig belastet. Je aufrechter das Segel kommt, desto mehr wandert das Körpergewicht wieder über das Brett.

Im Idealfall sollte zwischen dem Aufholen und dem eigentlichen Anfahren keine Pause entstehen. Wird durch eine Rückdrehung des Oberkörpers das Segel mit Wind gefüllt (Dichtholen oder Dichtnehmen des Segels), fährt das Brett an. Den Oberkörper wieder vordrehen heißt fieren. Das Brett stabilisiert sich bei Fahrtaufnahme schnell, und Gleichgewichtsprobleme werden verringert.

Mit Körperdrehung nach vorn wird das Rigg

so weit nach Luv gezogen, bis es leicht steht.

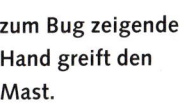 

Mit aufrechtem Oberkörper und Gewichtseinsatz an der Aufholleine zurücklehnen, bis das Rigg aus dem Wasser kommt. Die vordere, zum Bug zeigende Hand greift den Mast.

So, mit der Masthand am Mast, steht man sicher und orientiert sich vor dem Anfahren auf dem Wasser.

 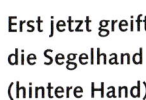

Dabei rutscht der vordere Fuß hinter den Mast. Durch das Segelfenster wird die Fahrtrichtung gepeilt.

Erst jetzt greift die Segelhand (hintere Hand) vor der Schulter den Gabelbaum. Mit einer Drehung des Körpers wird das Segel mit Wind gefüllt.

Mit diesem Dichtholen fährt das Brett an.

Starthilfe

Normalerweise werden schon beim Anfahren beide Hände an den Gabelbaum genommen. Wer jedoch Probleme mit dem Gleichgewicht oder der Koordinierung hat, sollte zunächst die Masthand ruhig am Mast belassen und lediglich mit der Segelhand an den Gabelbaum greifen. Wird man dann sicherer, wechselt die Hand automatisch zum Gabelbaum.

Ein häufig zu beobachtendes Phänomen beim Starten ist, dass das Brett anschließend nicht geradeaus fährt, sondern in den Wind dreht. Ursache dafür ist meist, dass zum Dichtholen des Segels der hintere Arm angewinkelt und der vordere gestreckt wird. Dann hängt der Mast weit nach Lee, und das Schothorn befindet sich über dem Heck. Nach wenigen Metern Fahrt hat das Brett in den Wind gedreht, der Wind kommt von der anderen Seite ins Segel, und man erhält die bekannte Leewatsche: Das Rigg drückt den Surfer zur bisherigen Luvseite vom Brett. Abhilfe schafft man, indem das Rigg beim Start deutlich nach Luv gezogen wird, bis es leicht ist. Die Schultern sind in Fahrtrichtung vorgedreht. Aus dieser Haltung wird das Segel durch leichte Rückdrehung des Oberkörpers so weit in den Wind gestellt, bis das Brett Fahrt aufnimmt. Beide Arme bleiben gleichmäßig angewinkelt; der Mast bleibt so über dem Brett stehen.

Rigg leicht stellen: Wenn das Rigg so weit nach Luv gezogen wird, dass es frei steht, ist die richtige Ausgangsposition zum Anfahren erreicht. Je stärker der Wind, desto wichtiger ist diese Technik.

Einen großen Vorteil hat die Oberkörperdrehung vor allem auch bei raueren Verhältnissen. Der Blick wandert weg vom Segel und hin nach Luv. Von dort kommen auch die vom Wind erzeugten Wellen. Wenn diese parallel zur Längsachse des Brettes laufen, ist es derart instabil, dass es auch für einen Könner schwierig ist, die Balance zu halten. Hilfreich ist es, das Brett dann nicht genau rechtwinklig, sondern im spitzen Winkel zu Wind und Wellen auszurichten, so dass die Bewegungen des Brettes einfacher auszubalancieren sind. Beobachtet man die Wellen, gewöhnt man sich schnell an ihren Rhythmus und kann sich darauf einstellen.

Mit der Masthand
wird das Rigg
nach Luv gezogen,
bis es leicht ist.
Die Schultern sind
nach vorn gedreht,
der Blick ist in
Fahrtrichtung. Bei
der Rückdrehung
des Oberkörpers
den Blick in Fahrt-
richtung lassen!
Die vordere Hand
kann am Mast
bleiben. Das
bringt zusätzlich
Stabilität.

Bei mehr Wind
muss der Segel-
druck mit dem
Körpergewicht
ausgeglichen wer-
den. Das hintere
Bein ist angewin-
kelt; mit dem vor-
deren Bein stützt
man sich ab. Ist
der Zug zu stark,
einfach das Segel
wieder etwas vor-
drehen.

Startprobleme

Beim Aufholen liegt das Segel in Lee, der Rücken zeigt nach Luv. Im flachen, stehtiefen Wasser richtet man Brett und Rigg am besten vor dem Aufsteigen richtig aus. Hilfreich ist es, wenn dabei das Schothorn zum Heck zeigt, weil sich dann beim Anheben des Segels das Brett schon in die neue Fahrtrichtung bewegt.

Idealerweise bilden Brett und Mast zum Aufholen des Riggs einen rechten Winkel. Dazu wird das noch im Wasser liegende Rigg mit der Aufholleine entsprechend Richtung Bug oder Heck gezogen.

Das Rigg zeigt genau nach Luv. Das Segel wird angehoben, der Wind greift unter das Segel, das Brett beginnt zu drehen.

Nach wenigen Augenblicken schlägt das Segel um. Durch entsprechenden Zug an der Aufholleine wird der rechte

Winkel während der Drehung beibehalten. Sobald das Segel in Lee liegt, wird das Rigg aus dem Wasser gezogen.

Am Ende des Manövers ist die Grundstellung erreicht; der Bug zeigt jetzt in die entgegengesetzte Fahrtrichtung.

Zwischen Riggaufholen und Anfahren kann für eine kurze Pause oder Orientierung auf dem Wasser die Grundstellung eingenommen werden. Die Füße stehen dabei links und rechts vom Mastfuß, das Rigg hängt am gestreckten Armen nach Lee und hilft durch sein Gewicht, die Balance zu halten.

Liegt bei einer Pause das Rigg im Wasser, dreht der Wind das Brett nach Lee, denn das Rigg wirkt wie ein Treibanker. Mit richtiger Technik ist es einfach, das Rigg von Luv nach Lee zu bringen. Es gibt hierfür verschiedene Möglichkeiten.

Wenn man das Rigg nur leicht anhebt und den Wind unter das Segel greifen lässt, werden Rigg und Brett vom Wind solange gedreht, bis das Segel in Lee liegt. Man steht dabei recht stabil, was vor allem bei unruhigem Wasser ein Vorteil ist. Allerdings dreht sich dabei das Brett um 180 Grad. Das kann je nach gewünschter Fahrtrichtung ein Vor- oder Nachteil sein.

Eine andere Methode ist, das Rigg mit der Aufholleine flach über Bug oder Heck zu ziehen. Über den Bug geht das leichter, weil er weniger Volumen als das Heck hat und der Gabelbaum deswegen besser über das Brett rutscht. Das Hauptproblem ist bei dieser Technik die sehr kipplige Phase, wenn der Gabelbaum auf und der Mast parallel zum Brett liegt. Nur wenn der Gabelbaum zügig über das Brett rutscht, kann auch vermieden werden, dass das Brett mitdreht und anschließend in die entgegengesetzte Richtung zeigt.

Schnelle Reaktion und Geschicklichkeit sind bei folgendem Vorgehen gefragt: Das Segel wird in Luv liegend mit Schwung aus dem Wasser gezogen, der Wind wird es anschließend nach Lee umschlagen lassen. Dabei muss der Körper der Drehung folgen, um nicht von Board gezogen zu werden. Das Ausrichten des Bretts durch Schwenken des Segels lässt sich am besten ausprobieren und üben, wenn der Mastarm nach dem Riggaufholen noch gestreckt ist und das Schothorn zum Wasser zeigt.

Dreht das Brett bereits beim Leichtstellen des Riggs den Bug nach Luv oder Lee? Dann wurde das Rigg nicht aufrecht nach Luv gezogen. Wird es zu weit vom Körper weg Richtung Bug gehalten, dreht der Bug nach Lee. Ist das Segel zu dicht am Körper, dreht der Bug nach Luv.

Mit seitlichem Zug an der Aufholleine lassen sich Brett und Rigg rechtwinklig ausrichten.

Die Arme sind lang, damit der Drehimpuls hoch ist. Eine Hand am Gabelbaum erhöht den Segeldruck.

Der Rücken zeigt während der Drehung immer nach Luv, das Brett dreht unter den Füßen durch.

Einfach umdrehen

Eine einfache Form der Richtungsänderung in die entgegengesetzte Fahrtrichtung erfolgt aus der Grundstellung. Das Segel wird mit gestreckten Armen Richtung Bug oder Heck geschwenkt, das Brett beginnt zu drehen. Wird das Segel zum Heck gedrückt, dreht der Bug zum Wind, beim Schwenk zum Bug dreht dieser nach Lee. Die Varianten haben Vor- und Nachteile.

Drehen über den Bug geht schneller, weil sich der Widerstand der Finne weniger auswirkt. Deshalb ist auch der Drehradius klein. Allerdings fährt das Brett mit diesem Manöver einen Halbkreis nach Lee. Das ist dann unpraktisch, wenn man gegen den Wind zurück zum Ufer muss.

Die Drehung über das Heck gegen den Widerstand der Finne beansprucht wesentlich mehr Platz und dauert entsprechend länger. Bei kabbeligem Wasser riskiert man allein deswegen, unfreiwillig abzusteigen. Allerdings treibt das Brett bei dieser Variante gar nicht oder nur wenig nach Lee ab. Drehung über das Heck ist deshalb bei ablandigem Wind sicherer.

Sicher fahren

Ist der Start geglückt, kommt es auf eine sichere und kraftsparende Haltung an. Mit zunehmender Routine wandert der Blick weg von Händen und Füßen und richtet sich auf das Fahrtziel. Die Kontrolle der Balance und die Bewegungskoordination werden automatisiert. Die Fahrstellung bei längerer Geradeausfahrt ist jedoch eine statische Angelegenheit und kann schnell zu Muskelverkrampfungen führen. Deshalb sollten Körperhaltung und Krafteinsatz optimiert werden.

Die Füße stehen zwei bis drei Fußbreiten auseinander etwa auf der Längsachse im Bereich des Schwertkastens und sind leicht in Fahrtrichtung gedreht. Die Körperhaltung ist aufrecht, bei stärkerem Wind wandert das Körpergewicht nach Luv und nimmt das Rigg mit. Glaubt man dem Zug

nicht mehr standhalten zu können, hilft leichtes Auffieren, Rigg heranziehen und wieder dichtnehmen.

Beide Hände am Gabelbaum sollten den gleichen Zug spüren. Die richtige Position findet man, indem die Hände am Gabelbaum aus einer breiten Griffposition aufeinanderzubewegt werden, bis die Daumen sich am Gabelbaum berühren. Hier, gegenüber dem Segeldruckpunkt, lässt sich das Segel auch nur mit einer Hand führen, ohne wegzudrehen. Mittig zu dieser Stelle greifen die Hände etwa schulterbreit am Gabelbaum. Dann liegt die Wirkungslinie der Segelkraft zwischen den Händen, so dass die Armmuskulatur wenig belastet ist.

Solange die richtige Segelstellung noch nicht sicher beherrscht wird, bleibt der Mastarm gebeugt, um das Rigg bei einfallenden Böen besser kontrollieren zu können. Mit zunehmender Routine und mehr Wind wird diese Haltung jedoch zu anstrengend. Kraftsparender ist das Surfen mit gestrecktem Mastarm. Damit dann aber das Segel nicht zu weit nach Lee hängt, wird der Oberkörper in Fahrtrichtung aufgedreht.

Segeldruckpunkt finden: aus der normalen Griffposition zum Halten mit einer Hand.

Die optische Kontrolle ausschalten und entspanntes Surfen mit den anderen Sinnesorganen erspüren. Aufrechte Körperhaltung, Oberkörper leicht nach vorn gedreht, Mastarm lang. Perfekte Balance zwischen Surferin und Rigg.

Steuern
und
Kurse

Geschwindigkeitskontrolle

Segelsehne

Q

V

G

Optimaler Vortrieb nur mit richtiger Segelstellung.

G: Gesamtkraft
Q: Querkraft
V: Vortrieb

Beim Dichtholen wird der Winkel zwischen Brett und Segel verkleinert. Mit der gegenläufigen Bewegung, dem Fieren, wird Wind aus dem Segel gelassen; der Winkel zum Brett wird größer.

Mit Dichtholen wird Fahrt aufgenommen, durch Fieren kann sie verlangsamt werden. Reicht zum Verlangsamen der Fahrt einfaches Fieren nicht aus oder soll das Brett ganz gestoppt werden, muss das Segel back gehalten werden. Dabei wird das Segel nicht nur gefiert, sondern auch noch aktiv nach Luv gedrückt. Der nun von der „falschen" Seite eintreffende Wind bringt das Brett zum Stehen. Je nach Windstärke und Geschwindigkeit muss dabei kräftig Druck ausgeübt werden. Ein Ausfallschritt in Richtung Heck verhindert, dass man selbst durch das Segel unsanft vom Brett gedrückt wird.

Gerät man in eine Situation, in der Backhalten zum Stoppen nicht mehr reicht, bleibt nur eine Notbremse, bei der das Rigg nach Lee aufs Wasser geworfen und heruntergedrückt wird. Der Nachteil ist, dass man dabei nicht manövrierfähig bleibt. Vorausschauendes Surfen verhindert diese kräftezehrende Prozedur.

Fieren und Dichtholen dienen nicht nur zum Beschleunigen und Verlangsamen der Fahrt, sondern vor allem der Kontrolle der richtigen Segelstellung. Auf sie kommt es an für die optimale Wirkung des Segelprofils, die beste Geschwindigkeit bei möglichst geringem Kraftaufwand für das Halten des Riggs.

Je nach Segelschnitt und Profiltiefe beträgt der Anstellwinkel für die richtige Segelstellung etwa 15 bis 20 Grad. Damit ist der Winkel gemeint, mit dem der relative Wind auf die Segelsehne trifft (eine gedachte Linie zwischen Mast und Gabelbaumende). Ein zu dichtes Segel erzeugt mehr seitlich gerichtete Querkräfte als Vortrieb und kostet entsprechend Haltekraft. Je offener das Segel gefahren wird, desto größer ist der Anteil an Vortriebskraft.

Leichtes Dichtholen und kontrolliertes Fieren bei gleichzeitigem Beobachten der Brettgeschwindigkeit und Wahrnehmen des wechselnden Zugs an den Händen zeigen schnell den besten Kompromiss.

Beim Backhalten lehnt man sich gegen das Rigg wie beim Wegschieben eines Wagens. Soll das Brett beim Stoppmanöver nicht aus der Richtung drehen, muss der Mast beim Backhalten etwas nach Luv geholt werden.

Dichtholen und Fieren: Schultern parallel zum Segel; die Winkelstellung der Arme wird nicht verändert. Zum Anfahren wird das Segel dichtgeholt, zum Bremsen oder bei zuviel Wind wird gefiert.
Mit Fieren und Dichtholen wird zudem ständig die richtige Segelstellung kontrolliert.

Steuern: anluven und abfallen

Richtungsangaben und Richtungsänderungen richten sich beim Windsurfen und Segeln nach der eigenen Position zum Wind. Nicht links oder rechts abbiegen wie im Straßenverkehr, sondern Anluven oder Abfallen ist angesagt. Abfallen bedeutet, eine Kurve nach Lee einzuleiten; Anluven heißt, zum Wind hin zu drehen.

Zum Anluven wird das Rigg, ohne die Segelstellung zu verändern, nach Lee gekippt; das Schothorn wandert nach unten.

Dabei ist es wichtig, die Drehung des Boards genau zu kontrollieren und rechtzeitig zu stoppen, um nicht mit dem Bug in den Wind zu drehen. Denn Anluven bis hoch an den Wind und bis in den Wind wird rasch eine wackelige Angelegenheit. Der Wind kommt immer mehr von vorn, die Fahrt wird langsamer und das Brett dadurch kippliger. Der Segeldruck lässt rapide nach, und beim Versuch, weiter dichtzuholen, wird das Schothorn leicht übers Heck gezo-

Anluven:
Aus der Fahrstellung wird das Gabelbaumende zum Wasser geneigt; das Rigg ist nach Lee gekippt. Der Blick bleibt in Fahrtrichtung.

48

gen; das Brett treibt rückwärts. Wenn so ein Aufschießer, wie das Steuern in den Wind in der Seglersprache heißt, unfreiwillig passiert, nimmt man am besten den vorderen Fuß vor den Mast und lässt das Brett – wie bei der halben Drehung – durch Schwenken des Riggs Richtung Bug zurückdrehen.

Beim Abfallen wird das Rigg bei unveränderter Segelstellung nach Luv gekippt; das Schothorn zeigt nach oben. Dabei muss das Körpergewicht über dem hinteren Fuss blei-

ben, um den zunehmenden Zug des Segels halten zu können. Andernfalls folgt der klassische Abgang: Dreifacher Trippler Richtung Bug, dann ist das Brett zu Ende ...

Ein typisches Problem ist es auch, wenn das Brett in der Drehung stehenbleibt oder zu langsam dreht. Das kann verschiedene Ursachen haben: Die Riggneigung ist nicht ausreichend. Je weniger Wind oder je kleiner das Segel, desto deutlicher muss das Rigg gekippt werden. Bei sehr kleinen Riggs auf einem langen Brett kann das Problem auch an einer zu grossen Finne liegen, die die Drehbewegung abbremst.

Oft stimmt die Segelstellung nicht. Das Segel wurde dann nicht nur gekippt, sondern beim Anluven zusätzlich dichtgeholt oder beim Abfallen gefiert. In beiden Fällen reißt die Luftströmung am Segel ab, und deswegen reicht der Segeldruck für das Steuermanöver nicht aus.

Abfallen: Gabelbaumende hoch. Das Rigg ist nach Luv gekippt. Bei Leichtwind muss die Steuerbewegung deutlich sein. Die Fahrtrichtung wird durch das Segelfenster kontrolliert.

Steuerungsprinzip

Die Fahrtrichtung eines Surfbretts kann durch Kippen des Riggs (Riggsteuerung) und (zusätzlich) durch Verkanten des Brettes (Brettsteuerung) kontrolliert werden. Bei der Riggsteuerung wird das Prinzip genutzt, durch Verlagerung der Wirkungslinie der Segelkraft gegenüber der Wirkungslinie der Widerstandskraft des Wassers am Brett ein Drehmoment zu erzeugen. Bei der Brettsteuerung wird ein Drehmoment durch Veränderung des Anstellwinkels der ins Wasser eintauchenden Teile des Brettes (Lateralfläche) zur Wasserströmung erzeugt.

Die richtige Segelstellung muss auch beim Steuern beibehalten werden, damit die Strömung am Segel anliegt und entsprechend Segeldruck entsteht. Beim Abfallen und Anluven bleibt deshalb die Stellung des Segels zum Wind gleich: Lediglich das Brett ändert seine Lage zum Wind; es dreht unter dem Segel. Um bei der Riggsteuerung die beste Wirkung zu erzeugen, wird das Rigg längs zur Segelsehne gekippt. Warum das Segel beim Steuern nicht einfach zum Bug oder Heck verlagert wird, zeigt sich in der Vogelperspektive. Das Verschieben in Richtung Segelsehne erzeugt den wirkungsvollsten Hebel.

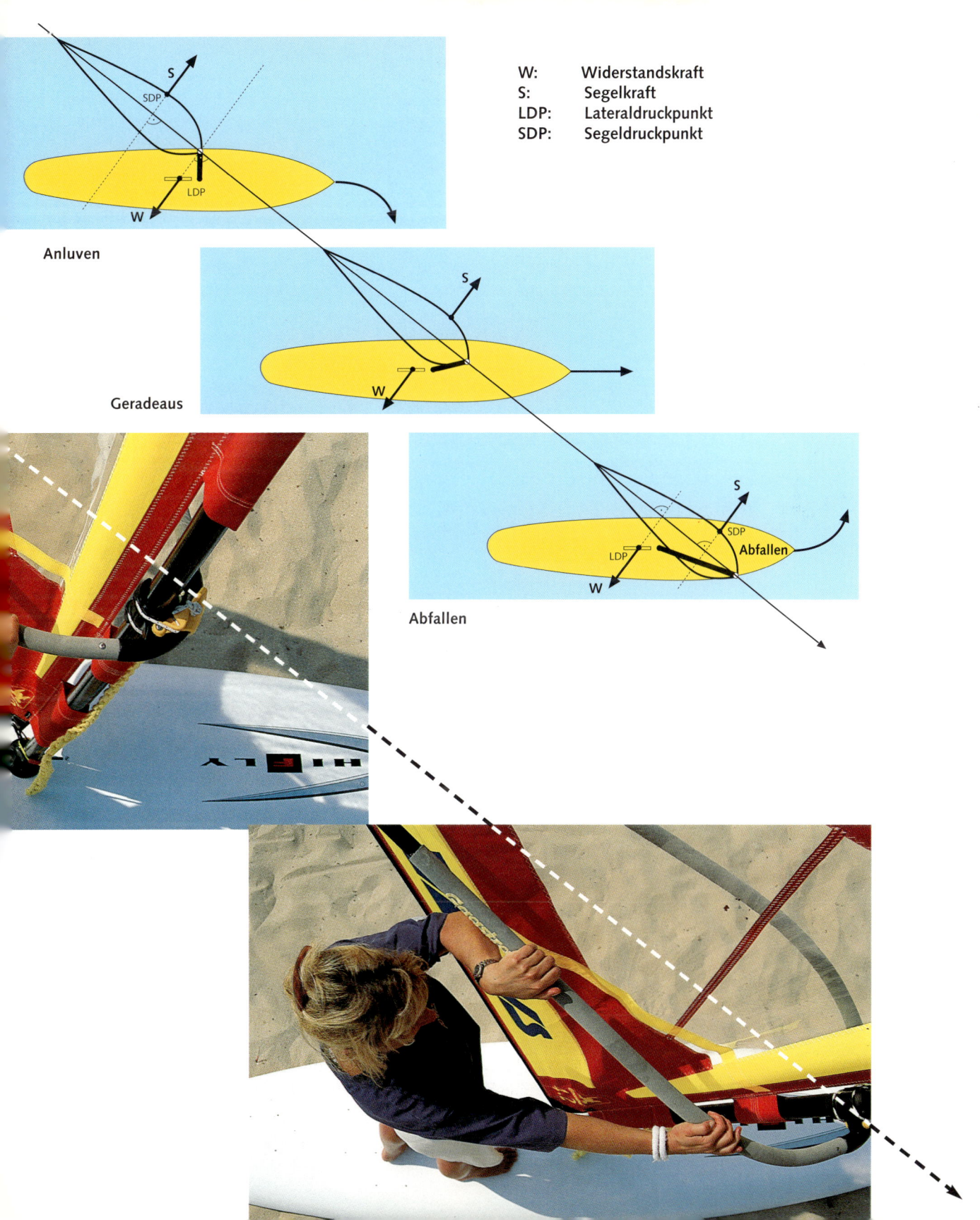

W: Widerstandskraft
S: Segelkraft
LDP: Lateraldruckpunkt
SDP: Segeldruckpunkt

Anluven

Geradeaus

Abfallen

Kurse und Segelstellung

Auf Vorwindkurs drückt der Wind von hinten in das Segel. Weil es nicht umströmt wird, kann das Rigg mit dem Schothorn nach rechts oder nach links gefahren werden.

Ein schulmäßiger Start, bei dem das Brett rechtwinklig zur Windrichtung ausgerichtet wurde, beginnt auf einem Halbwindkurs. Auf einen Kurs am Wind kommt man vom Halbwindkurs durch Anluven. Das Brett fährt nun schräg gegen den Wind, und man gewinnt dabei Höhe. Das ist die Distanz nach Luv, die man im Vergleich zum Halbwindkurs erreicht. Ein direkt in Luv liegendes Ziel erreicht man nur durch einen Zickzackkurs, wobei jeweils hoch am Wind gesurft wird (Kreuzkurs).

Einfacher ist das Ansteuern von Zielen, die sich auf der Leeseite vom eigenen Standort befinden, sie können direkt erreicht werden. Vom Halbwindkurs ausgehend, gelangt man durch Abfallen auf Raumwindkurs. Raumen bedeutet bezogen auf Wind in der Segelsprache: von schräg hinten kommend. Mit weiterem Abfallen bewegt sich das Brett direkt nach Lee; der Wind kommt genau von hinten. Dieser Vorwindkurs ist der langsamste aller möglichen Kurse. Das Segel wirkt nicht durch die Strömung am Profil, sondern nur durch seinen Widerstand, den es dem Wind als Angriffsfläche bietet.

Nur auf diesem Kurs und auf Amwindkurs ist die Segelstellung vorgegeben: quer zum Brett auf Vorwind, möglichst dicht auf Kurs hoch am Wind. Auf allen anderen Kursen muss die Segelstellung ständig an den Einfallswinkel des Windes angepasst werden. Da auf Amwindkursen das Segel dicht gefahren werden muss, ist hier der Anteil der Querkraft an der Gesamtkraft des Segels besonders hoch. Daraus resultiert eine zunehmende Abdrift nach Lee. So wird die Abweichung zwischen gesteuertem Kurs nach Luv und tatsächlich gesegeltem Kurs genannt. Wie stark die Abdrift ist, hängt vor allem von dem Lateralplan ab, dem der Querkraft entgegenwirkenden Querschnitt der ins Wasser tauchenden Teile des Surfbrettes. Um ein Ziel in Luv zu erreichen, sollte wegen der Abdrift stets ein Punkt anvisiert werden, der deutlich höher als das eigentliche Ziel liegt.

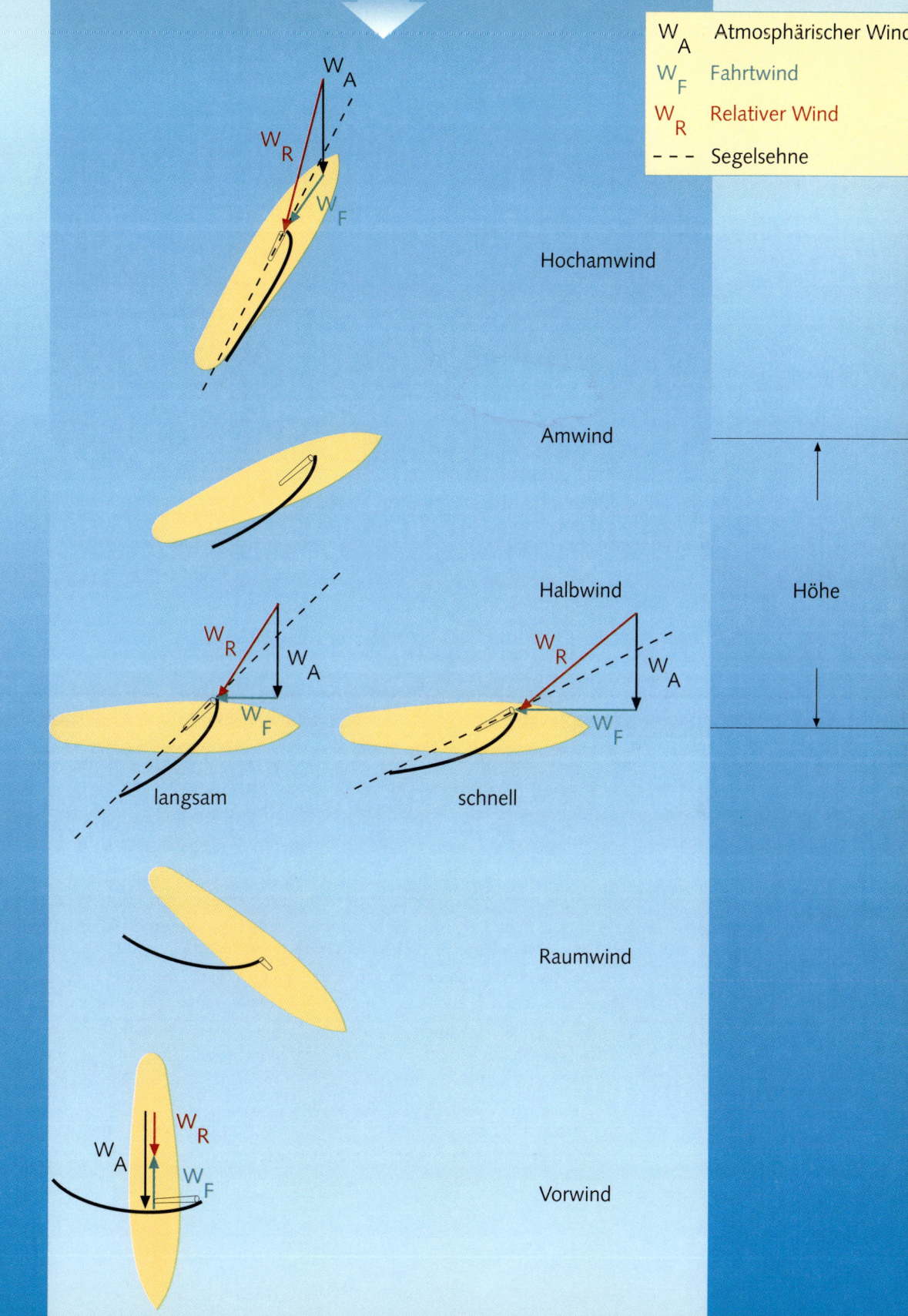

W_A	Atmosphärischer Wind
W_F	Fahrtwind
W_R	Relativer Wind
– – –	Segelsehne

W_A

W_R

W_F

Hochamwind

Amwind

Halbwind

Höhe

W_R W_A W_F

W_R W_A W_F

langsam

schnell

Raumwind

W_A W_R W_F

Vorwind

Wenden
und
Halsen

Wende trainieren

Bei der Wende wird die Segelseite gewechselt, wobei der Bug durch den Wind dreht. Die Richtungsänderung wird also durch Anluven eingeleitet, im Wind wird die Seite gewechselt, und es folgt das Anfahren auf dem neuen Bug. Der Ablauf ist komplex: Hand- und Fußarbeit, Segelführung und Orientierung auf dem Wasser laufen zeitgleich und müssen koordiniert werden. Die einzelnen Phasen können gut am Strand eingeübt werden. Das Brett wird dazu mit dem Bug genau nach Luv ausgerichtet.

Beim Üben sollten unterschiedliche Schwerpunkte gesetzt werden. Die Bildreihen zeigen die jeweils entsprechenden Phasen von Handwechsel und Schrittfolge beim Wenden. Erst den Handwechsel einprägen, dann den Fußwechsel, schließlich die Kombination von Griffwechsel und Schrittfolge. Wenn dann der Blick nicht mehr auf Hände und Füße gerichtet ist, sondern die Fahrtrichtung kontrolliert, wird der Wechsel schließlich von selbst auch schneller.

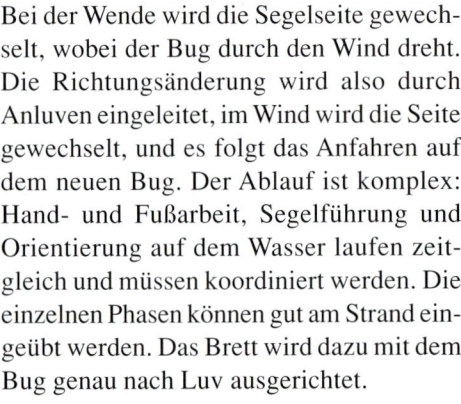

Eingeleitet wird die Wende durch Anluven, wobei das Segel so lange wie möglich gut angeströmt werden soll. Der Segeldruck ist zunächst noch hoch; erst wenn der Bug fast im Wind steht, reduziert sich die Segelkraft deutlich. Damit fehlt für den Seitenwechsel der Druck im Segel, das Rigg bietet keinen Halt, sondern muss frei balanciert werden. Diese unsichere Phase braucht jedoch nur ein, zwei Sekunden zu dauern, dann kann der Seitenwechsel bereits abgeschlossen sein. Optimal ist ein Seitenwechsel, der aus nur vier Schritten besteht. Sobald man auf der neuen Seite ist, kann man durch Dichtnehmen Druck im Segel aufbauen und auf den neuen Kurs abfallen. Die Füße bewegen sich in kleinen Schritten, möglichst im Bereich der Längsachse, keinesfalls am Brettrand, um den Mast. So wird ein Aufschaukeln des Brettes mit zusätzlichen Balanceproblemen vermieden. In Zeitlupe betrachtet, sieht die Schrittfolge aus wie Tanzschritte, es ist aber ein sehr zügiger Ablauf, und das Brett liegt ruhig im Wasser.

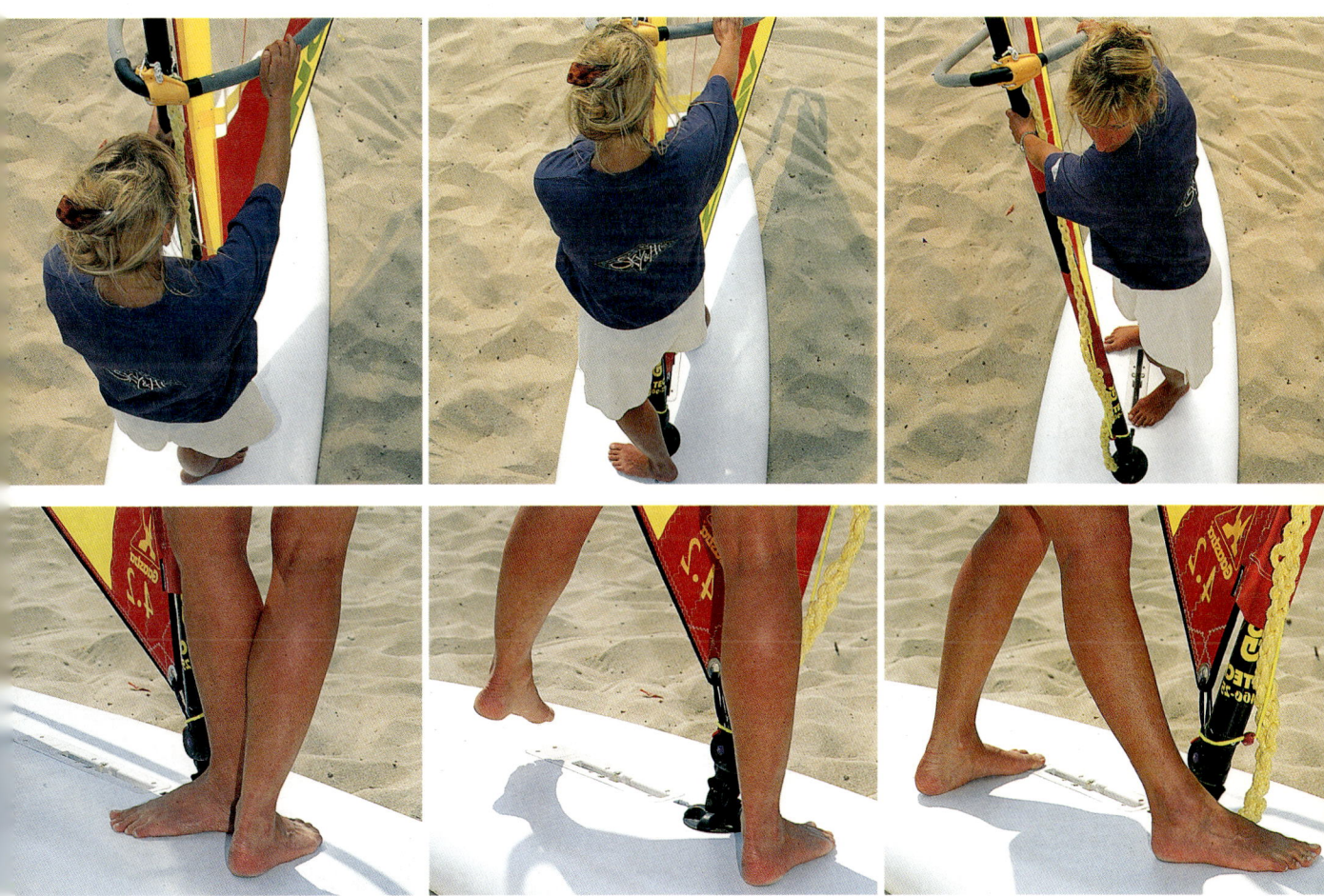

Anluven; die Masthand wechselt an den Mast.

Basic Wende

Schothorn zum Wasser, gleichmäßig anluven.

Fuß vor den Mast, das Segel weiter dichthalten.

Schritt zurück,
gleichzeitig Rigg
nach Luv, Mast-
arm lang, Segel
dicht und abfallen.

Griffwechsel,
hinteren Fuß vor den
Mast setzen.

Anluven bis in den
Wind, vorderen
Fuß belasten.

Wende in Varianten

Wie bei allen Manövern gibt es auch bei der Wende eine Vielzahl von Ausführungsvarianten, die situativ eingesetzt werden. In der Grundform greift beim Anluven zuerst die Masthand an den Mast. Beim Seitenwechsel wird umgegriffen, und die alte Segelhand wird zur neuen Masthand. Dies ist eine sehr sichere und ruhige Variante.

Bei der Rückhandwende greift dagegen zuerst die Segelhand unter der Masthand hindurch den Mast, der Handwechsel am Mast entfällt.
Eine spielerische, aber dynamische Alternative ist die Beidhandwende: Anluven mit Hand am Mast wie bei der Vorhandwende, aber statt des Handwechsels im Wind greift

Bei der Rückhandwende greift die hintere Hand unter der Segelhand durch an den Mast. Das Umgreifen am Mast wird überflüssig.

auch die zweite Hand den Mast, der nun beidhändig schwungvoll am Körper vorbei nach Luv geworfen wird. Ist der Gabelbaum neben dem Körper , wird er mit beiden Händen gleichzeitig gegriffen.

Auf kleinen Brettern sieht man oft eine Boom-to-Boom-Version, bei der die Hände gar nicht den Mast greifen, sondern direkt am Gabelbaum umgreifen. Egal, welche Möglichkeit man wählt, wichtig ist immer, dass der Seitenwechsel flüssig und mit möglichst wenig Schritten ausgeführt wird.

Kommt es bei der Wende nicht auf optimalen Höhegewinn, sondern auf schnellen Kurswechsel an, wird das Segel kräftig überzogen. Das bremst zwar die Fahrt rapide, beschleunigt aber die Drehung des Brettes. So lässt sich der Bug auch durch den Wind drehen; das Anfahren auf der neuen Seite geht dann zügiger.

Hat das Brett vor dem Seitenwechsel nicht ganz in den Wind gedreht, muss es mit einer extremen Steuerbewegung auf der neuen Seite zum Abfallen gebracht werden.

Höhe gewinnen

Wenn man am Ende einer Amwindstrecke wendet und mehrere dieser Kurse nach Luv aneinanderreiht, entsteht ein Kreuzkurs. Nur über den Umweg des Kreuzens kann ein Ziel direkt in Luv angesteuert werden, denn nach Luv lässt sich allenfalls in einem Winkel von etwa 45 Grad surfen.

Wie hoch man am Wind surfen kann, wird durch verschiedene Faktoren beeinflusst. Beim Material gibt die Größe der Lateralfläche den Ausschlag, weil sie direkt der seitlichen Abdrift entgegenwirkt. Schwert und Finne sind am wichtigsten, aber auch

eine Brettform mit hohen, geraden Kanten hilft, die Abdrift gering zu halten. Durch Gewichtstrimm kann zusätzlich die Leekante ins Wasser gedrückt werden, um die Lateralfläche zu vergrößern.

Auch die eigene Geschwindigkeit spielt eine große Rolle. Weil mit zunehmender Geschwindigkeit der relative Wind weiter nach vorne dreht, kann ein schnelles Surfbrett weniger Höhe laufen als ein langsames. Es erreicht wegen der hohen Fahrgeschwindigkeit aber eventuell dennoch schneller das Ziel.

Basic Halse

Rigg nach Luv kip-
pen, Segelstellung
kontrollieren.

Wenn das Brett
auf raumen Kurs
gedreht hat,

vorderen Fuß
zurücknehmen,
weiter abfallen.

Mast mit Schwung
vor dem Körper
nach Luv ziehen.

Nach dem Schiften
neue Fahrstellung
einnehmen.

Auf Vorwindkurs
den anderen Fuß
nach vorne setzen.

Masthand vorrut-
schen lassen, Rigg
aufrichten.

Warten, bis das
Heck durch den
Wind dreht.

Halse mit Schwert: Gewichtstrimm, Standposition weit hinten. Die benetzte Fläche wird so verringert, und der Lateraldruckpunkt wandert extrem Richtung Heck. Dadurch wird die Drehung beschleunigt.

Halse trainieren

Die Halse wird durch Abfallen eingeleitet, das Heck dreht durch den Wind, das Segel schwenkt über den Bug. Abfallen, schiften und beschleunigen auf dem neuen Bug sind die drei Phasen des Manövers. In der Basisform wird das Brett mit dem Rigg gesteuert. Zusätzlicher Gewichtstrimm zum Heck beschleunigt die Drehung.

Die eigentliche Schwierigkeit ist das Abfallen, da das Segel weit nach Luv gekippt wird und man dem Zug des Segels standhalten muß. Es folgt die Anpassung der Fußstellung für den neuen Kurs, dabei zeigt das Achterliek voraus. Erst jetzt wird das Segel geschiftet. Um die bei der Rotation des Riggs entstehenden Kräfte kontrollieren zu können, muss es etwas aufgerichtet und die Masthand am Gabelbaum in Richtung Mast verschoben werden. So vorbereitet, sind Schiften und anschließendes Beschleunigen auf dem neuen Kurs einfach.

Halsen in vielfältigen Varianten machen einfach Spaß, vor allem später bei mehr Wind. Eine ganze Serie von Halsen hintereinander kann aber auch Probleme schaffen. Das Manöver ist nach Lee gerichtet, man verliert beim Halsen Höhe. Wer also Probleme hat, mit Kreuzen seine Höhe zu halten, sollte besonders bei ablandigem Wind auf Halsen verzichten.

| **Fußwechsel üben:** | **Gewicht auf dem hinteren Fuß, ...** | **... dann vorderen Fuß zurück und ...** | **... hinteren Fuß vorsetzen.** |

| **Handwechsel üben:** | **Rigg weit nach Luv. Greift jetzt ...** | **... die Segelhand zum Mast, entfällt ...** | **... das Umgreifen beim Schiften** |

Halse auf der Außenkante

Eine fortgeschrittene Halsenvariante ist die Form, bei der Rigg- und Brettsteuerung kombiniert werden. Das kann auch auf dem klassischen Einsteigerbrett trainiert werden. Auch bei der Halse mit ergänzender Fußsteuerung erfolgt der erste Drehimpuls mit dem Rigg. Zusätzlich wird während des Abfallens das Heck und – bei ausgefahrenem Schwert – die radienäußere Kante (Luvkante) belastet. Dazu wird der vordere Fuß bereits mit dem Einleiten der Riggsteuerung weit zurück und auf die Außenkante gesetzt.

Je deutlicher dann das Rigg nach Luv gekippt wird und je radikaler Heck und Außenkante belastet werden, desto enger wird der Radius, bis hin zur Tellerhalse.

Bei frischem Wind und entsprechender Fahrt reagiert das Brett bei so einer Halse mit Schwert bockig, es kentert auf. Sobald das Brett ins Gleiten kommt, sollte das Schwert ins Brett eingeklappt werden; beim Halsen ohne Schwert muss dann aber die kurveninnere Brettkante belastet werden.

5

4

3

Bild 5 bis 7:
Schritt nach vorn, Hände Richtung Mast verschieben. Das Rigg steht aufrecht und rotiert ohne Druck um die Hochachse.

6   7

2   1

Bild 1 bis 4:
Gewicht nach
hinten auf die
Außenkante,
Griffposition
in Richtung
Schothorn:
Das Brett fährt
eine konstante
Kurve.

69

Tricks mit Riggs

Das Rigg ins Gleichgewicht bringen und so ausbalancieren, dass es sekundenlang ganz allein steht: Dieses Leichtstellen ist Voraussetzung für alle Tricks, bei denen Körperdrehungen und Riggrotationen vorkommen.

Gefühl fürs Rigg

Exakte Riggsteuerung, kontrolliertes Fieren und Dichtholen in Verbindung mit Zug- und Druckphasen, blitzschnelle Segelrotationen, Surfen mit spektakulären Körperdrehungen – bei fast allen Manövern und Trickformen tauchen diese Elemente immer wieder auf. Was auf den ersten Blick kompliziert erscheint, ist in Wirklichkeit ganz simpel. Prinzipiell gelten folgende Regeln: Bei Manövern, in denen Segelrotationen (z.B. Segelschiften) vorkommen, muss das Rigg so weit aufgerichtet werden, bis die

Drehachse des Riggs senkrecht zum Brett steht. Nur dann bleiben die Kräfte im Gleichgewicht, das Rigg kann spielend leicht um seine Achse rotieren. Wichtig: Die Lage der Drehachse ist nur bei Windstille stets gleich, bei Wind ändert sich deren Position je nach Windstärke und Anströmung über Vorliek oder Achterliek. Entsprechend muss die Riggneigung während der Drehung angepasst werden.

Bei Trickelementen, in denen Körperdrehungen vorkommen, wird das Rigg vorher „leicht" gestellt und ausbalanciert. Es bleibt dann einige Momente frei stehen, so dass zum Beispiel eine freie Pirouette gedreht werden kann.

Gleichgültig, ob man in Lee oder Luv vom Rigg surft, auch das Prinzip der Steuerung funktioniert immer gleich. Das Rigg wird bei normaler Fahrt, wenn das Schothorn

Links: Wer in Luv vom Segel steht, ist in der Zugphase und spürt Zug auf den Armen. Wer in Lee vom Rigg steht, befindet sich in der Druckphase.

Schothorn voraus: Das Segel wird vom Achterliek angeströmt. Wenn Segelkraft und Wasserwiderstandskraft in einer Linie sind, fährt das Brett geradeaus.

also zum Heck zeigt, zum Anluven parallel zur Segelsehne mit dem Schothorn zum Wasser gekippt, zum Abfallen zeigt das Schothorn nach oben. Wer dagegen aus der Fahrt mit Achterliek (Schothorn) voraus anluvt, kippt den Mast zum Wasser; dann zeigt das Gabelbaumende in den Himmel. Viele der folgenden Tricks sind Elemente aus Manövern, die auch auf Shortboards gefahren werden. Für die Übungen ist aber ein langes Brett und vorheriges Training am Strand zu empfehlen.

Vorbereitung zum Segelschiften: Drehachse des Riggs senkrecht stellen. Dann kann das Rigg um seine Hochachse rotieren, die Schwungkräfte sind ausgeglichen. Um eine Riggrotation einzuleiten oder zu stoppen, reicht ein leichter Impuls.

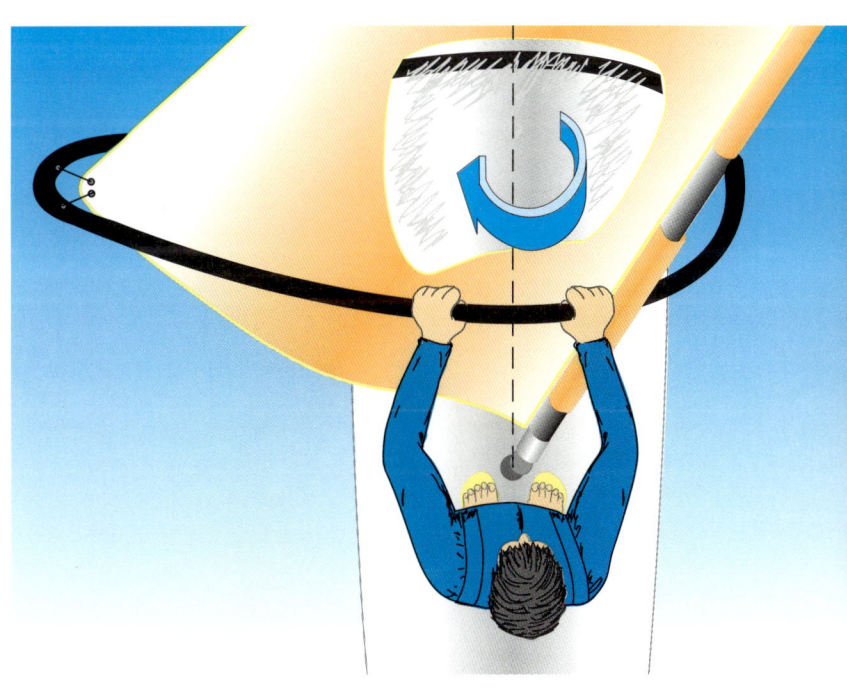

Segel 180er und Achterliek voraus

Während bei normaler Fahrt das Segel vom Mast her angeströmt wird und dabei relativ einfach kontrollierbar bleibt, entstehen beim Surfen mit Achterliek voraus anfangs ungewohnte Zugverhältnisse. Das Segel wird vom Achterliek angeströmt; deshalb entsteht ein anderes Profil, die Lage des Segeldruckpunktes verschiebt sich, und der Vortrieb ist geringer. Oft beginnt das Achterliek zu flattern oder zu krallen; das Segel fühlt sich unruhiger an. Hier hat ein durchgelattetes Segel Vorteile. Das Segelprofil ist steifer, das Rigg bleibt ruhiger. Zur optimalen Segelkontrolle sollte der Segeldruckpunkt genau zwischen beiden Händen liegen. Die Orientierungspunkte beim Dichtholen und Fieren sind anders als bei der gewohnten Segelstellung. Zum Fieren streckt sich die Masthand vom Körper weg, die Segelhand führt das Schothorn nach Luv. Genau umgekehrt erfolgt das Dichtholen – hier wird der Mast zum Körper gezogen; das Schothorn befindet sich über dem Bug.

Ganz einfach gelangt man aus der Halse heraus in die Fahrt mit Achterliek voraus. Wenn das Heck durch den Wind und der Bug unter dem Unterliek durch gedreht hat,

Beim Segel 180er wird der Schwung genutzt, der aus der Verlagerung der Hochachse entsteht. Mast genau nach Luv schieben und Segel leicht stellen. Beide Hände greifen weit zum Schothorn; der Mast schwingt über den Bug nach Lee. Umgreifen und das Schothorn nach Luv schieben; dichtholen.

wird ohne Segelschiften auf dem neuen Kurs weitergesurft.

Eine weitere Möglichkeit bietet die 180-Grad-Drehung des Segels. Das Brett wird dazu auf Halbwindkurs ausgerichtet. Lässt man während der Geradeausfahrt die vordere Hand los, dreht das Rigg mit dem Mast in Richtung Wasser und zwar so weit, bis das das Schothorn nach Luv zeigt. Die zur Leeseite entstehenden Rotationskräfte müssen abgefedert werden, indem mit aufrechtem Körper das Schothorn präzise nach Luv gezogen wird. Jetzt streicht der Wind ohne Druck links und rechts am Segel vorbei.

In Fahrt befindet sich der Segeldruckpunkt genau zwischen beiden Händen – symmetrisch zur Wirkungslinie der Segelkraft. Übungen zur Verbesserung der Riggkontrolle sind Surfen mit geschlossenen Augen oder Schlangenlinienfahren.

Segel 360er

Bei diesem Manöver dreht sich das Segel während der Fahrt auf Halbwindkurs zügig um 360 Grad. Ziel ist es, die Drehung sehr flüssig und ohne großen Geschwindigkeitsverlust sowie ohne jegliche Kursänderung durchzuführen. Vorheriges Strandtraining ist unbedingt angebracht. Hier kann die Rotation (ohne Pause) in Kombination mit verschiedenen Griffwechseln trainiert werden. Die Standposition (Rücken zeigt nach Luv) bleibt unverändert.

Während der Fahrt liegt der Segeldruckpunkt genau zwischen beiden Händen. Bevor die Drehung eingeleitet wird, wird das Rigg einen kurzen Moment aufgefiert und dann etwas nach Luv geschoben. Lässt man jetzt die vordere Hand am Gabelbaum los, kippt der Mast über den Bug weg nach Lee. Während des Kippens rutschen die vordere und hintere Hand gefühlvoll am Gabelbaum entlang nach hinten zum Gabelbaumende und kontrollieren das Rigg. Dann zeigt das Schothorn genau nach Luv – der Wind hat keine Angriffsfläche und streicht am Segel vorbei.

Nun muss das Rigg wieder aufgerichtet werden. Nach dem Griffwechsel unter dem Unterliek wird das Schothorn kontrolliert so weit nach Luv geführt, bis die Drehachse des Riggs genau senkrecht über dem Board steht. Das Segel hat auch in dieser Phase keinen Druck und ist leicht. Die Masthand rutscht Richtung Mast, die Segelhand greift unterhalb des Gabelbaums an den Mast. Das Segel wird geschiftet, und die Fahrt kann unverzüglich fortgesetzt werden.

In Lee surfen

Relativ einfach gelangt man mit einer Lee-wende in die Fahrstellung auf der Leeseite. Dabei luvt man bis durch den Wind an, macht aber keinen Seitenwechsel, sondern bleibt auf der alten Seite stehen.

In Lee vom Segel befindet man sich in der Druckphase und muss entsprechend anders reagieren. Fieren und Dichtholen sind dabei nicht nur wegen der Umkehr von Zug und Druck ungewohnt, sondern auch, weil der Mast wesentlich mehr nach Luv überzogen (oder aus der Leeposition gesehen richtiger: gedrückt) wird als bei gewohnter Normal-fahrt, damit die Strömung am Segel nicht

abreißt. Die Schräglage nach Luv wird erreicht, indem mit der Masthand mit gestrecktem Arm Druck auf den Gabelbaum gegeben wird, die Segelhand gibt nach. Bei viel Wind kann das Segel dann fast flach lie-gen. Um das Segel aus dieser überzogenen Position wieder steigen zu lassen, wird der Druck der Segelhand erhöht.

Zum Steuern gilt auch in der Leeposition der Grundsatz: das Rigg in der Segelebene verschieben. Gabelbaumende zum Wasser – das Brett luvt an, Gabelbaumende heben, und das Brett fällt ab.

Verschiedene Leevarianten können für die Erprobung von richtiger Segelstellung und Riggkontrolle sehr gut an Land trainiert werden. Dabei sollte besonders das Absen-ken des Riggs nach Luv und Steigenlassen intensiv geübt werden.

Anluven zur Wende: Wenn das Brett durch den Wind dreht, den Mast mit gestrecktem Mastarm nach Luv schieben und leichten Druck auf das Rigg geben.

Das Segel schlägt back und drückt den Bug aus dem Wind. Dichtholen durch Druck mit der hinteren Hand.

Nach Lee wechseln

Es gibt sehr unterschiedliche Möglichkeiten, in die Leeposition zu wechseln. Eine Variante: Aus der normalen Fahrstellung auf Halbwindkurs fiert man das Segel kurz auf und geht mit dem vorderen Fuß vor den Mast. Mit der hinteren Hand wird das Rigg nach Luv gezogen. Gleichzeitig erfolgt ein beherzter Schritt- und Handwechsel, und man gelangt mit einer Körperdrehung auf die Leeseite des Segels.

Noch etwas dynamischer ist die Variante aus der Fahrt mit Achterliek voraus, wobei man durch eine 180-Grad-Rotation nach Lee gelangt. Die Masthand zieht den Mast etwas zum Körper und leitet durch einen Drehimpuls die Rotation ein. Der Körper folgt mit drei Schritten dieser Riggrotation. Das Segel wird aufgefiert.

Schließlich noch eine Variante, in die Leeposition zu kommen: unter dem Segel hertauchen. Zwischen Halb- und Raumwindkurs wird in normaler Fahrstellung die Fußposition so verändert, daß die Fußspitzen nach Luv und der Rücken nach Lee zeigen. Jetzt wird der Mast kontrolliert genau nach Luv geführt, bis das Gabelbaumende weit nach oben zeigt. Dann taucht man kurz unter dem Segel her. Dabei ist es wichtig, dem Schothorn einen kleinen Impuls nach unten zu geben, es gewissermaßen Richtung Wasser zu schubsen, dadurch richtet sich das Rigg von selbst wieder auf.

Variante 1:
Aus der Fahrstel-
lung auffieren,
mit einer Körper-
drehung das Rigg
ohne Druck nach
Luv ziehen, dicht-
holen durch Druck
mit der Segelhand.

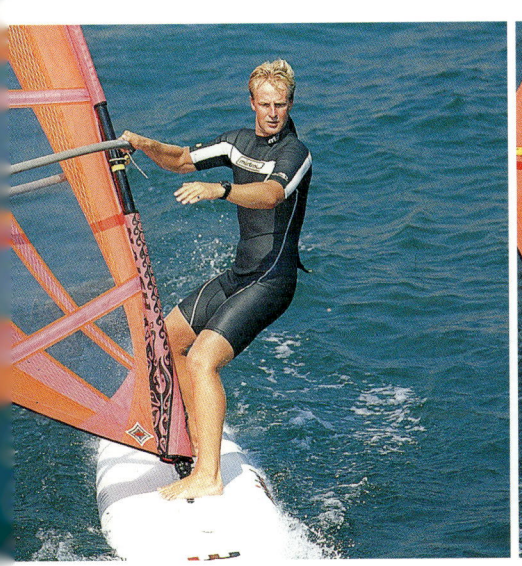

Variante 2:
Aus der Position
Achterliek voraus
kommt es auf
Timing und
Schwungkoordina-
tion an.
Riggrotation und
Körperdrehung
unterstützen sich
gegenseitig.

Variante 3:
Aus der normalen
Fahrposition Kör-
per um 180 Grad
drehen, das Rigg
am Körper vorbei
genau in den
Wind schieben,
unter dem Segel
her tauchen.

81

Helikopter

Helikopter – damit sind spektakuläre Drehungen von Surfer und Rigg um 360 Grad gemeint – sorgen immer wieder für Aufsehen am Strand. Bei Kenntnis der Hebelwirkungen ist dieser Kreisel allerdings leicht zu erlernen. Auf Halbwindkurs wird soweit aufgefiert, bis der Zug auf der Segelhand nachlässt. Dann wird der Mast mit gestrecktem Mastarm nach Luv verschoben. Ein kleiner Druck mit der Segelhand auf den Gabelbaum reicht, um die Drehung einzuleiten. Gleichzeitig wird der hintere Fuß vor den Mast gesetzt. Der vordere Arm führt locker den Gabelbaum, die hintere Hand übt weiter Druck (Druckphase) aus. Der Körper folgt tänzerisch der Riggrotation. Die Füße bleiben im Mastfußbereich. Sobald das Schothorn durch den Wind dreht, zieht die Masthand den Mast energisch nach Luv (Zugphase). Die Drehachse befindet sich senkrecht über dem Brett, das Segel kann frei rotieren und ausschwingen.

Long-board Tricks

Gefühl fürs Brett

Ein langes Surfbrett mit viel Volumen, ruhiges Wasser und die passende Segelgröße: Surfeinsteiger fühlen sich nach ihren ersten Stunden schon recht sicher auf dem Brett und haben viel Spaß. Allerdings wird jede überflüssige Bewegung vermieden, man bewegt sich nur in kleinen Schritten auf dem Brett und dort vor allem im Bereich von Schwertkasten und Mastfuß. Hauptsache, das Brett liegt ruhig.

Was momentan beruhigend sicher ist, reicht für die weitere Surfkarriere allerdings nicht aus. Mit zunehmendem Können wird man auf kleinere Boards umsteigen wollen, die ihre Stabilität nicht durch ihr Volumen, sondern durch den dynamischen Auftrieb bei Fahrt erhalten. Sie reagieren wesentlich sensibler und können nur dann richtig schnell gefahren werden, wenn das Körpergewicht optimal eingesetzt wird. Die Basis wird mit einer Vielzahl von Übungen, die das Brettgefühl verbessern, auf dem langen Brett erarbeitet.

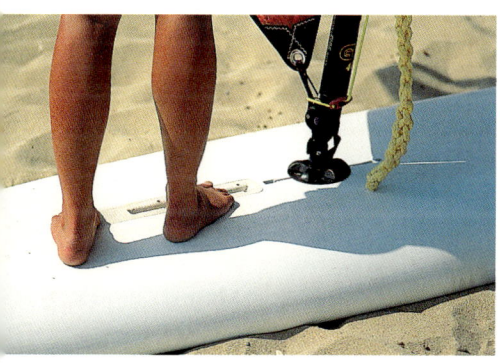

Den Gewichtsein-
satz üben: Auf
dem Heck oder
vor dem Mast
stehen und dabei
den Kurs halten.

Verschiedene
Schrittwechsel
und Standposi-
tionen ausprobie-
ren; Kurs halten!

87

Slalom üben

Slalomsurfen auf Vorwindkurs mit einem langen Brett ist ideal geeignet, das Prinzip der Fußsteuerung und zugleich die Riggkontrolle zu trainieren. Auch das Abfallen aus dem Stand ist eine gute Trainingsform: Das Brett liegt ohne Fahrt quer zum Wind. Ohne Druck im Segel bewegt man sich deutlich zum Heck. Das Rigg wird zum Abfallen erst extrem nach Luv gezogen und dann dichtgeholt. Sofort nimmt das Brett Fahrt auf und dreht nach Lee.

Jetzt lässt sich gut ausprobieren, wie das Brett reagiert. Bleibt man weit hinten stehen, sinkt das Heck tief ein, weil der Segeldruck auf Vorwind stark nachlässt. In dieser Standposition kann durch Belasten der Kanten ein radikaler Slalom gefahren werden. Mit ausgeklapptem Schwert reagiert das Brett noch wesentlich extremer als bei eingeklapptem Schwert.

Rückwärts surfen

Kombinierte Rigg- und Brettsteuerung: Die dosierte Kantensteuerung kann nur effektiv eingesetzt werden, wenn die Füße weit auf der Bugspitze stehen. Das Rigg wird dann in der Segelebene nach Lee oder Luv verschoben.

Beim Start steht man zwar bis zu den Knien im Wasser, in Fahrt kommt der Bug aber durch den hydrodynamischen Auftrieb langsam wieder nach oben.

Rückwärtssurfen erfordert rasche Reaktionen und gutes Gespür für die Wirkung von Brett- und Riggsteuerung. Fährt ein Board rückwärts, bricht es rasch seitlich aus. Die jetzt vorneliegende Finne wirkt wie ein Ruder: Bei jeder Verkantung des Brettes kommt Druck auf die Finne und bringt das Board aus der Richtung. Beim Rückwärtssurfen muss das Board deshalb ständig durch kombinierte Rigg- und Brettsteuerung auf Kurs gehalten werden. Einfacher wird das, indem man sich so weit auf den Bug stellt, dass sich die Finne aus dem Wasser hebt.

Wer mit dem Heck voraus startet, muss sein Rigg deutlich weiter nach Luv verschieben, als bei der gewohnten Vorwärtsfahrt. Denn durch die Standposition auf dem Bug ist die Lage des Lateraldruckpunktes verschoben. Das Prinzip der Steuerung bleibt im übrigen unverändert. Zum Anluven Rigg nach Lee kippen und Luvkante belasten; zum Abfallen Rigg nach Luv verschieben und kontinuierlich die Leekante belasten.

Training: Ob mit
ein- oder ausge-
klapptem Schwert:
Die Füße stehen
rechts und links
von der Board-
längsachse und
belasten abwech-
selnd die bo-
genäußere Luv-
oder die kurvenin-
nere Leekante.

Board 360er

Dieses Manöver wird auf Short- und Longboards gefahren, allerdings in sehr unterschiedlichen Ausführungen. Bei dem Shortboardmanöver fällt das Brett aus voller Geschwindigkeit ab und dreht einen Kreisel nach Lee. Das Brett bleibt möglichst im Gleiten.

Beim Longboard 360er wird lediglich das Brett aus der Fahrt heraus unter dem Segel um 360 Grad gedreht. Ausgangs- und Endposition ist also der Halbwindkurs. Das Manöver wird durch kontinuierliches Anluven (das Schwert ist ausgeklappt) eingeleitet. Der vordere Fuß steht vor dem Mast. Sobald der Bug durch den Wind dreht (das Schothorn ist deutlich übers Heck gezogen),

wird das Körpergewicht zum Bug verlagert. Gleichzeitig belastet der hintere Fuß den Bug auf der Leekante. Jetzt fährt das Brett rückwärts und erhält durch die Kantenbelastung einen Drehimpuls, der es erneut anluven lässt.

Sobald das Schothorn über den Bug zeigt, wechseln die Füße in Richtung Heck zum Schwertkasten. Hierbei wird der Segeldruck zunehmen, bis das Brett wieder endgültig Fahrt voraus hat. Mit der Fußsteuerung wird die 360er-Brettdrehung beendet. Während des gesamten Manöverablaufs bleibt das Segel optimal zum Wind angestellt, damit der nötige Druck für die Steuerung da ist.

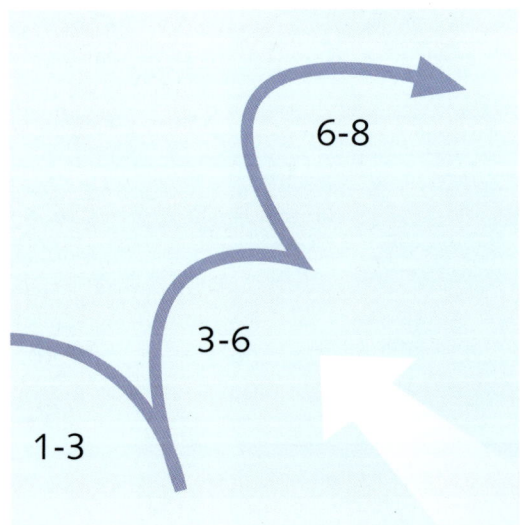

1

8

7

6

5

2

4

3

Auf der Kante

Beim Strandtraining wird das Brett mit ausgeklapptem Schwert auf Halbwindposition aufgekantet. Diese Kippstellung kann durch Dichtholen und Fieren sehr genau kontrolliert werden. Erst wenn das Brett sicher ausgerichtet ist, sollte der hintere Fuß im Heckbereich auf die Kante und der vordere Fuß vorsichtig erst mal auf das Schwert (dicht am Brett) aufgesetzt werden. Nur wer in dieser Position sicher stehen kann, wird den vorderen Fuß auf die Kante stellen und diese Standposition durch Vor - und Zurückgehen verändern.

Beim Training auf dem Wasser sollte mit relativ hoher Geschwindigkeit auf Halbwindkurs angefahren werden; das Schwert ist ausgeklappt. Der hintere Fuß drückt dosiert die Leekante, dadurch steigt die Luvkante. Jetzt zieht der vordere Fuß die Luvkante hoch, bis das Brett an den Mast klappt. Aus der knieenden Stellung richtet man den Oberkörper etwas auf, setzt den hinteren Fuß auf die Kante und zieht den vorderen Fuß nach. Zur besseren Kontrolle kann alternativ der vordere Fuß zuerst auf das Schwert gesetzt werden.

Durch Gewichtstrimm wird gesteuert: Gewicht zum Bug, das Brett fällt ab; Gewicht zum Heck, das Brett luvt an. Das Rigg unterstützt die Steuerung und dient vor allem als ständige Balancierhilfe. Kippt das Brett nach Lee, muss man auffieren; hat man das Gefühl, rückwärts nach Luv zu fallen, wird dichtgeholt.

Erstes Gefühl für die Standposition verschafft man sich am Strand. Der Mastfuß muss absolut fest mit dem Brett verbunden sein. Der Mast liegt nach dem Hochkippen der Brettes eng am Board an und bildet einen kräftigen Hebel.

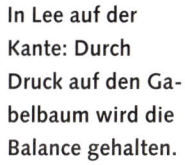

Das aufgekantete
Board ist enorm
richtungsstabil
und läuft wie auf
Schienen.

In Lee auf der
Kante: Durch
Druck auf den Ga-
belbaum wird die
Balance gehalten.

Auf der Kante
(vorwärts, rück-
wärts) lassen sich
viele Varianten
und Tricks aus-
führen. Sogar
Wenden und Hal-
sen sind möglich.
Auch Cracks trai-
nieren am Strand,
hier den Kreuz-
hang am Gabel-
baum.

Helikopterwende

Anfahren auf Am-
windkurs

Segel schiften und
anfahren.

Weiterfahren mit
Achterliek voraus.

Bei dieser Form der Wende wird die Segelseite nicht dadurch gewechselt, dass man
vorne um den Mast herumgeht, sondern
durch Schiften des Segels – ähnlich wie bei
der Halse. Die Helikopterwende nennt man
auch Sinkerwende. Sie wird sehr häufig auf
Shortboards eingesetzt, da bei diesen

Boards das Volumen im Bugbereich für
einen Seitenwechsel vorne um den Mast
herum selten ausreicht. Bei Leicht- bis Mit-
telwind lässt sich dieses Manöver sehr gut
auf Longboards trainieren.
Und so wird's gemacht: anluven bis der Bug
deutlich durch den Wind dreht. In dieser

Anluven bis durch den Wind.

Rigg deutlich nach Luv verschieben. Die hintere Hand gibt Druck auf den Gabelbaum, der Mastarm bleibt gestreckt.

Körper und Riggrotieren um 180 Grad.

Abfallen auf den neuen Kurs.

Phase das Rigg in der Segelebene nach Luv verschieben und abfallen. Die eigene Standposition bleibt unverändert. Der Körper befindet sich jetzt in Lee mit dem Gesicht zum Segel.

Ein kleiner Tip: anfangs eine kurze Strecke in Lee weiterfahren und den neuen Kurs sicher kontrollieren. Erst dann das Segel um 180 Grad bis auf Achterliek voraus rotieren lassen und etwas abfallen.

Jetzt die Riggdrehachse senkrecht über das Brett stellen, Segel schiften und zügig wieder auf dem neuen Amwindkurs anfahren.

Tauchwende

Eine Variante der Wende, die sich auch für kleine Bretter gut eignet, ist die Tauchwende: Aus dem Gleiten unter dem Segel auf die neue Seite „tauchen", anstatt vorne um den Mast herumzugehen. Bei leichtem Wind kann man den Seitenwechsel sicher und einfach auf einem Longboard vorerst an Land, später dann auf dem Wasser trainieren.

Das Board liegt ohne Finne am Strand auf Amwindkurs. Nach dem Anluven, das Gewicht liegt dabei auf dem hinteren Fuß, wird das Rigg kurz aufgefiert. Die Hände rutschen Richtung Gabelbaumende und schieben den Mast genau so weit in den Wind, bis unter dem Segel durchgetaucht werden kann. Der Griffkontakt zum Gabelbaum bleibt bestehen, das Gabelbaumende zeigt weit nach oben. Entscheidend für das Gelingen des Seitenwechsels ist, das Segel am Gabelbaumende frei und genau in der Segelebene in den Wind zu führen. Nach dem Seitenwechsel (das Gesicht zeigt dabei immer zum Segel) wird das Schothorn mit einem kleinen Ruck in Richtung Wasser und Heck zurückgezogen.

Tip: Druck auf das Schothorn erleichtert das Aufsteigen des Mastes. Auf dem Wasser luvt man so weit an, bis der Bug durch den Wind dreht. Das hat den Vorteil, dass man dann auf der neuen Seite etwas mehr Platz zum Stehen hat und nicht durch das Segel vom Brett gedrückt wird.

Manöver
für
Aufsteiger

Strandstart:
Brett ausrichten

Der Strandstart ist die ideale Starttechnik für alle, die bei Welle starten oder in flachen Strandabschnitten aus knie- bis hüfttiefem Wasser aufsteigen und sofort lossurfen wollen. Brett und Rigg werden am Strand miteinander verbunden. Bei idealen Bedingungen (der Wind weht parallel zum Strand) ist es zweckmäßig, das Brett mit dem Bug zum Wasser auzurichten und so ins Wasser zu schieben. Vorteil: Man kann ohne Drehen des Brettes starten. Liegt das Segel an Land in Lee vom Board, wird der Mast in Höhe des Gabelbaums angehoben und so nach Luv gezogen, dass der Wind das Segel trägt. Liegt das Rigg jedoch in Luv vom Board, muss der Mast vom Topp angehoben werden, bis der Wind unter das Segel greift. Die Ausgangsposition ist jetzt, startklar zum Schieben, in Luv vom Brett am Heck. Mit dem Bug voraus wird das Brett (leicht aufgekantet) ins Wasser geschoben. Bei auflandigem Wind ist es meist einfacher, Brett und Rigg rückwärts ins Wasser zu ziehen, damit der Wind nicht auf das Segel drückt. Zum Start muss das Brett auf Halb- bis Raumwindkurs ausgerichtet werden. Für optimale Kontrolle ist die beste Standposition beim Dirigieren des Brettes immer in Luv, nah am Heck. Der Druck im Segel muss dabei mit der hinteren Hand ständig kontrolliert werden.

Das Ausrichten des Boards erfolgt nur mit Hilfe des Riggs. Dabei gibt es zwei Techniken, um das Brett zu dirigieren. Durch Druck und Zug über Mast und Gabelbaum kann die Brettlage verändert werden. Druck auf den Mast Richtung Mastfuß lässt den Bug vom Körper wegdrehen. Mit Zug an Mast und Gabelbaum wird das Brett zurückgeholt. Drehen des Brettes über Zug und Druck funktioniert nur dann gut, wenn das Schwert eingeklappt ist, so dass der Drehpunkt des Boards dicht vor der Finne liegt. Eine zweite Ausrichtmöglichkeit entspricht der bekannten Riggsteuerung: Zeigt das Gabelbaumende zum Wasser, luvt das Brett an, Gabelbaumende weg vom Wasser – das Brett fällt ab.

Beide Steuerelemente können so kombiniert werden, dass man das Brett einen Vollkreis fahren lassen kann, ohne hinter dem Board herlaufen zu müssen.

Brett drehen: Durch Zug und anschließenden

Druck das Heck vom Körper wegdrehen.

Brett mit Schwung vor dem Körper vorbeiziehen.

Dabei das Schothorn umklappen lassen.

Den Bug am Körper vorbei nach vorne bringen.

Durch Druck auf den Mastfuß das Brett ausrichten.

Standposition: in Luv vom Brett, nahe am Heck.

Strandstart:
einfach aufsteigen

Der Trick beim Aufsteigen besteht darin, mit dem aufgestellten Fuß genaue Kontrolle über das Board zu bekommen, sowie das Segel so an den Wind anzustellen, dass der Segeldruck für einen Lift aufs Brett ausreicht. Je schwächer der Wind, desto mehr sollte der Start Richtung Raumwindkurs erfolgen; bei stärkerem Wind ist es zweckmäßig, das Brett eher auf Amwindkurs auszurichten.

Solange das Brett ausgerichtet wird, ist das Segel stark nach Luv überzogen. Dadurch verringert sich die Angriffsfläche des Segels für den Wind, und das Brett läßt sich gut

Das Board rückwärts ins Wasser ziehen.

Druck auf den Mastfuß: Das Brett dreht vor dem Körper.

Das Heck wird durch Zug am Gabelbaum zum Körper dirigiert.

kontrollieren. Durch Aufrichten des Riggs entwickelt es die Kraft, die zum Lift benötigt wird. Versucht man, das Rigg aufzurichten, indem man auf das Brett zugeht, nimmt es Fahrt auf, bevor es unter Kontrolle ist. Zum Aufrichten wird also nur der vordere Arm nach vorne und oben gestreckt und das Segel mit der Segelhand dichtgeholt. Der Gabelbaum bleibt dabei parallel zur Wasseroberfläche. Denn das Brett reagiert empfindlich auf Steuerausschläge mit dem Rigg. Hängt das Schothorn zum Wasser, dreht das Brett sofort in den Wind.

Reicht der Segeldruck für den Lift nach oben bei leichtem Wind nicht aus, wird der Aufstieg aktiv unterstützt. Der aufgesetzte Fuß (hinter dem Schwertkasten auf der Boardlängsachse) zieht das Brett an das Standbein heran. Dadurch liegt der Körperschwerpunkt sehr nah am Brett. Jetzt drückt man sich kräftig vom Boden ab, ähnlich einem Schritt, mit dem man eine besonders hohe Treppenstufe erklimmen oder auf einen Stuhl hochsteigen möchte.

Sobald man mit dem Körperschwerpunkt über dem Brett ist, wird der Segelzug durch Auffieren verringert, damit man nicht zur Leeseite heruntergezogen wird.

Bei Wellen müssen die Sets sorgfältig beobachtet werden; das Brett wird mit kräftigem Druck auf den Mastfuß rechtwinklig gegen die Wellen ausgerichtet. Dazu muss der Mastfuß stets deutlich vor der eigenen Standposition bleiben. Sonst schlägt das Brett quer, dreht zwischen Welle und eigener Position und ist kaum zu beherrschen.

Aufsteigen: Das Rigg senkrecht stellen und aktiv aufsteigen.

Das Segel kurz fieren, Fahrstellung einnehmen und die Fahrtrichtung kontrollieren.

Trapezsurfen

Völlig klar, ohne Trapez ist entspanntes kraftsparendes Windsurfen undenkbar. Trapezsurfen verlängert den Surfspaß erheblich. Benötigt wird lediglich ein sogenanntes Trapezset, bestehend aus Trapezgurt und Tampen für den Gabelbaum.

Der Zug des Segels wird auf den Körper übertragen, die Arme werden entlastet. Ein gutes Trapez verhindert durch entsprechende Druckverteilung auf das Becken eine Überlastung des Rückens.

Trapeztampen sind großen mechanischen Belastungen ausgesetzt und dürfen auch bei viel Wind nicht wegwehen. Sie sind deshalb mit einem Kunststoffschlauch überzogen, der die Tampen stabilisiert und vor Durchscheuern schützt.

Praktisch sind Tampen mit Klettverschlüssen. Diese lassen sich schnell am Gabelbaum befestigen, und die Position am Gabelbaum ist leicht veränderbar. Stehen keine speziellen Trapeztampen zur Verfügung, reichen mindestens 8 mm starke und etwa 1,5 m bis 1,8 m lange Tampen, die an den Gabelbaum geknotet werden.

Zur Befestigung muss zunächst der Segeldruckpunkt genau ermittelt werden. Die Tampen werden dann links und rechts gleich weit vom Segeldruckpunkt entfernt montiert. Der Abstand beträgt nach beiden Seiten etwa 20 cm bis 30 cm. Die exakte Tampenlänge (Durchhang) ist von Fahrstil und Trapeztyp abhängig. Faustregel: Der Durchhang beträgt etwa eine Unterarm-

Das Wave-Hüfttrapez bietet viel Bewegungsfreiheit und wird in Wellenspots eingesetzt.
Zum Lernen eignet sich ein Brusttrapez mit Schultergurt. Der Haken ist relativ hoch und erleichtert das Ein- bzw. Aushaken.
Das Slalomtrapez besitzt einen Rückengurt zur Wirbelsäulenunterstützung und ist zweigeteilt.

länge (von der Handwurzel zum Ellenbogen). Nach einem Test auf dem Wasser müssen Position und Durchhang der Tampen meist noch einmal korrigiert werden.

Fieren des Riggs durch Vordrehen und Dichtholen durch Rückdrehen des Körpers sollten sicher beherrscht werden, um eingehakt die Kontrolle zu behalten.

Klappt das Fieren nicht mehr rechtzeitig, lässt man sich mit gestreckten Armen nach vorne ziehen. Man landet auf den Gabelbaum aufgestützt im Wasser und kann sich leicht wieder auf das Brett zurückziehen.

Wird bei einem Sturz der Gabelbaum konsequent festgehalten, kann nicht viel passieren. Der Tampen rutscht selbst bei einem Schleudersturz, bei dem man durch plötzliche Zunahme des Segelzugs nach vorne gerissen wird und der Körper sich drehen kann, auf jeden Fall vom Haken.

Kontrolle der Tampenbefestigung: Das Rigg darf auch ohne zusätzliches Festhalten nicht aus der Richtung pendeln.

Die Tampenlänge kann grob mit dem Unterarm justiert werden. Die Feineinstellung erfolgt nach der Probefahrt auf dem Wasser.

Trapeztechnik

Die richtige Trapeztechnik, insbesondere das Ein- und Aushängen sowie Fieren und Dichtholen, lässt sich am besten bei leichtem Wind an Land üben. Das Brett wird dazu auf Halbwind ausgerichtet.

In der Fahrstellung greifen die Hände etwa schulterbreit außerhalb der Trapeztampen den Gabelbaum, so dass der Zug auf Mast- und Segelhand in etwa ausgeglichen ist. Die Arme sind leicht angewinkelt und kontrollieren den Segelzug. Durch kurzes, ruckartiges Ziehen am Gabelbaum schwingt der Tampen zum Trapezhaken; der Körper bleibt dabei relativ aufrecht. Hakt der Tampen ein, werden die Arme gestreckt. Jetzt sind die Tampen unter Spannung. Fein dosiert muss schnell ein Gleichgewicht zwischen Segelkraft und Körpergewicht gefunden werden, erst dann können die Arme entspannen. Auch bei starkem Wind muss das Gleichgewicht zwischen Körper und Rigg hergestellt werden. Dazu wird der Körper nach Luv zurückgelehnt; man schwebt unter dem Rigg frei über dem Wasser.

Ein kurzer Ruck am Gabelbaum, und der Tampen schwingt zum Haken.

Zum Einhaken leicht in die Knie gehen. Wichtig: Der Tampen geht zum Haken.

Über das Wasser
gleiten: Wer die
Tampen richtig
eingestellt hat,
kann das Rigg se-
kundenlang los-
lassen und
freihändig surfen.

Durch Arm-
streckung wird der
Tampen gespannt.
Das Gleichgewicht
zwischen Körper
und Segelkraft
muss gefunden
werden.

Wasserstart: Rigg und Brett ausrichten

Nach einem Sturz liegt das Rigg nur selten in der idealen Lage: in Lee mit dem Schothorn zum Bug. Dann kann man sich kraftsparend gleich mit einer Hand am Heck des Brettes abstützen und den Auftrieb des Boards nutzen. Mit einer Hand an der Heckschlaufe greift man mit der anderen Hand den Mast und zieht ihn schräg nach oben und Luv. Der Mast sollte dabei quer zum Wind liegen. Einfacher ist, das Heck auch ins Wasser und unter den Gabelbaum drücken, den Rest besorgt der Auftrieb des Brettes. Ist der Wind nicht stark genug, lässt

man den Gabelbaum einen Moment auf dem Brett liegen und wartet eine Böe ab. Zeigt das Schothorn zum Heck, muss zunächst das Segel umgeklappt werden, also Hand ans Heck, Gabelbaumende hochheben, vom Wind umklappen lassen.

Wenn das Rigg in Luv liegt, bieten sich je nach Riggtyp und Windbedingungen verschiedene Möglichkeiten. Zeigt das Schothorn zum Heck, hebt man kräftig rückwärts schwimmend das Topp an und zieht das Rigg über sich, bis man den Gabelbaum greifen und das Rigg kontrollieren kann. In Situationen, in denen das Schothorn zum Bug zeigt, kann man zwar auch mit dieser Technik das Rigg freibekommen, muss dann aber erst in der Schwimmlage das Rigg umklappen lassen. Ist diese Technik nicht möglich, sollte das Brett mit dem Bug unter dem Segel durchgeschoben werden, damit der Wind Rigg und Brett dreht, bis das Segel in Lee liegt.

Das Rigg liegt in Lee, Schothorn zeigt zum Heck:

nach Luv schwimmen und Schothorn anheben.

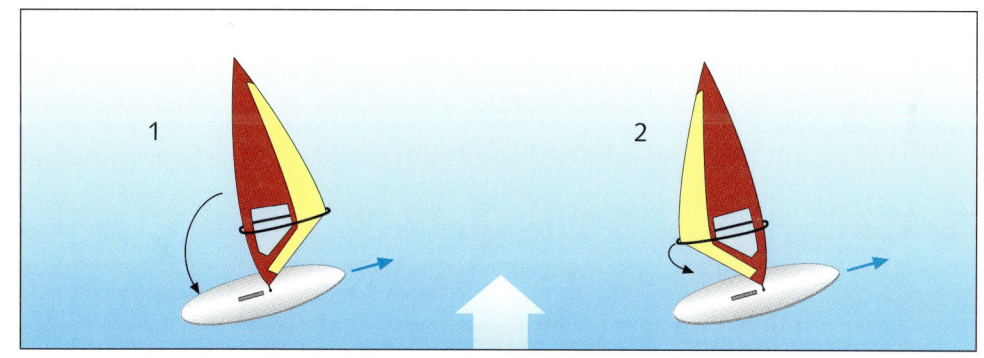

1 Rigg mit dem Gabelbaum auf das Heck ziehen, damit der Wind daruntergreift.
2 Gabelbaumende nach Luv anheben, Rigg umklappen lassen, weiter wie bei 1.

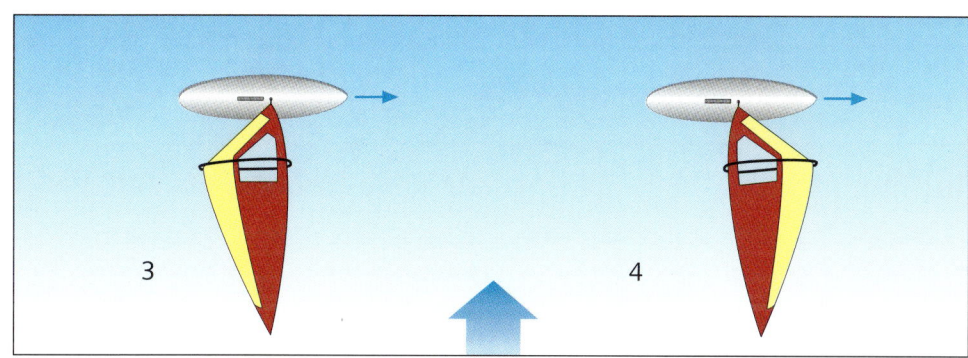

3 Zum Topp schwimmen und anheben, nach Luv schwimmend am Mast zum Gabelbaum hangeln.
4 Mit Mast zum Heck schwimmen, Rigg umklappen lassen.

Mit Hilfe des Windes das Segel kontrolliert umklappen lassen.

Zum Mast schwimmen, das Heck herunter drücken und ...

... dabei das Rigg in die Ausgangsposition nach Luv holen.

Vorbereitung zum
Lift: hinteren Fuß
auflegen und das
Rigg aufrichten.

Körper zum Brett
bringen, Mastarm
strecken, Rigg senk-
recht stellen.

Wasserstart: Lift

Um den Wasserstart zu lernen, sollte der Strandstart perfekt beherrscht werden, denn das Prinzip von Ausrichten und Lift ist gleich. Neu sind lediglich die Schwimmlage und die damit verbundenen Schwierigkeiten. Der Lift ist gut am Strand, alles andere ideal im knietiefen Wasser zu üben. Erst wenn man hier sicher ist, sollte man sich ins tiefe Wasser wagen. Mit den entsprechenden Lernvoraussetzungen schaffen es im übrigen die meisten Surfschulen, das Manöver in 2 bis 3 Stunden zu vermitteln. Vor dem eigentlichen Lift wird das Brett wie beim Strandstart mit Zug und Druck auf den Mastfuß oder durch Riggsteuerung, Gabelbaumende zum Wasser oder weg vom Wasser, dirigiert. Die grobe Ausrichtung, bis das Brett etwa quer zum Wind liegt, kann noch mit einer Hand am Heck und einer Hand am Mast erledigt werden. Dann aber gehen beide Hände an den Gabelbaum. Je nach Windstärke muss das Segel nun so weit aufgerichtet werden, dass man vom entstehenden Zug im Segel über Wasser gehalten wird. Der Mastarm ist gestreckt, mit der Segelhand wird gefiert und dichtgeholt und der Segeldruck kontrolliert. Wichtig ist, das Rigg auf jeden Fall über Wasser zu halten.

Senkrecht nach
oben aufsteigen.
Der Gabelbaum
bleibt parallel ...

... zur Wasser-
oberfläche.
Kurz auffieren und
angleiten.

Nachdem der hintere Fuß auf dem Brett ist, wird es auf Startkurs gebracht. Man kann mit dem Fuß das Heck des Brettes heranziehen oder wegdrücken, aber auch durch Druck auf den Mastfuß den Bug aus dem Wind drücken. Neigt man das Gabelbaumende zum Wasser, luvt das Brett wieder an. Vor dem Lift hat das Brett immer eine Tendenz zum Anluven, da es ja schon langsam Fahrt aufnimmt, der Surfer aber noch im Wasser liegt und wie ein Treibanker bremst. Um diesen Anker herum dreht das Brett zum Wind und kann nur durch energischen Druck auf den Mastfuß und Hochhalten des Schothorns daran gehindert werden. Zum eigentlichen Lift muss die Segelkraft verstärkt und der Körper nah ans Brett gebracht werden. Also: Knie anwinkeln und Hüfte vorschieben, gleichzeitig Segel dichtholen und Mastarm strecken. Ist der Wind nicht stark genug, kann die Masthand vom Gabelbaum auch an den Mast wechseln, um das Rigg aufrechter zu stellen.

Sobald der Lift gelungen und das Körpergewicht über dem Brett ist, muss kurz aufgefiert werden, um den überschüssigen Druck aus dem Segel zu lassen und die richtige Fahrstellung einzunehmen.

Speed: Das Rigg wird so aufrecht wie möglich gefahren. Der Mastarm ist gestreckt, die Masthand greift im Untergriff. Oft ist der Oberkörper leicht in Fahrtrichtung aufgedreht. Die Füße halten das Brett in Gleitlage.

Gleiten

Mit dem Gleiten beginnt der Übergang zur hohen Schule des Windsurfens. Zum Üben sollte ein Brett mit ausreichend Überschussvolumen eingesetzt werden und ein Slalomrigg, das ein möglichst einfaches Handling bietet.

Um die Vortriebskraft des Segels optimal zu nutzen, wird es möglichst aufrecht gefahren. Die Hände greifen schulterbreit oder sogar etwas schmaler, die vordere Hand ist möglichst weit vom Mast entfernt. Die Griffposition ist dadurch an der tiefsten Stelle des Gabelbaums. Der Mastarm ist gestreckt, mit der hinteren Hand wird der Segeldruck kontrolliert. Diese Haltung bringt das Körpergewicht nach Luv und schafft Abstand zum Vorliek, damit der Wind ohne Ablenkung das Profil anströmt. Die Beine sind gestreckt, damit der Druck

auf das Brett möglichst gleichmäßig bleibt. Die Füße stehen zunächst vor den Schlaufen, damit durch eine flache Lage des Boards möglichst viel hydrodynamischer Auftrieb entsteht. Das Körpergewicht wird deshalb nicht nur nach Luv, sondern zugleich möglichst stark über Gabelbaum und Mast nach vorne auf den Mastfuß verlagert. Diese Position kann man nur einnehmen, wenn das Segel vollständig dichtgeholt ist. Bei zu offen gefahrenem Segel hängt der Körper nach hinten, dadurch sackt das Heck ab, und die Gleitfahrt wird gar nicht erreicht oder stark gebremst. Zur Kontrolle der Körperhaltung sollte man versuchen, am Mast vorbei nach Lee zu schauen. In Gleitfahrt hebt das Brett sich zunehmend aus dem Wasser, dadurch verlagert sich der Lateraldruckpunkt Richtung Heck, und das Brett beginnt abzufallen. Zum Ausgleich wird das Rigg weiter nach hinten gekippt. Dadurch steht das Unterliek dicht über der Oberfläche des Brettes; das verbessert

Reicht Dichtholen
des Segels nicht
aus, hilft Pumpen,
um die Gleit-
schwelle zu über-
winden.
Das Segel wird
mehrfach ruckartig
angezogen, um
den Segeldruck
zu erhöhen.

die Wirkung des Segelprofils deutlich. In Gleitfahrt schlüpft meist erst der vordere, dann der hintere Fuß in die Schlaufe. Dabei muss aber kontinuierlich durch Druck auf den Mastfuß das Brett flach gehalten werden. Damit nicht durch den Stand in den Schlaufen die Luvkante belastet wird, ist der hintere Fuß überstreckt und übt gleichbleibenden Druck auf das Brett aus, der vordere Fuß kann durch leichten Zug die Luvkante entlasten. Neigt das Brett zum Anluven, ist dies ein deutlicher Hinweis dafür, dass die Luvkante zu stark belastet ist. Auch zum Höhelaufen sollte nicht die Luvkante, sondern die Leekante belastet werden, um zusätzlich Lateralfläche zu erzeugen; gesteuert wird mit dem Rigg.
Ist der Wind für Gleitfahrt am unteren Limit, helfen einige kräftige Pumpbewegungen mit dem Rigg. Zusätzlich muss versucht werden, durch Anluven oder Abfallen auf dem Vorderhang einer Welle zu bleiben und deren zusätzlichen Schub zu nutzen.

Wenn das Rigg so
weit nach unten
gezogen wird, bis
das Unterliek mit
dem Deck ab-
schließt, erhält
das Board zusätz-
lichen Schub.
Der bremsende
Druckausgleich
zwischen Luv- und
Leeseite (Über-
und Unterdruck)
wird unterbunden.

115

Halsen aus der Gleitfahrt

Windstärke, Segelgröße und Wellenbildung beeinflussen die Brettgeschwindigkeit und damit den Radius der Kurve bei Gleithalsen. Der Radius ist aber vor allem vom Board abhängig. Ein langes Brett verliert in einer zu engen Kurve soviel Fahrt, dass eine Halse zwar aus dem Gleiten eingeleitet wird, nach dem Schiften aber erst wieder zur Gleitfahrt beschleunigt werden muss. Der Radius sollte deshalb groß sein.

Das Segel muss während des Abfallens möglichst viel Vortrieb erzeugen, damit das Brett mit viel Speed in die Kurve geht. Bei der Einleitung der Halse wird das Segel also dichtgeholt; der vordere Arm ist gestreckt, auf der hinteren Hand (diese rutscht am Gabelbaum nach hinten) spürt man ständigen Zug. Zum Einleiten der Kurve wird der hintere Fuß aus der Schlaufe genommen und belastet gefühlvoll die Innenkante (Leekante). Die bei Gleitfahrt fast gestreckten Knie werden tief gebeugt und in die Kurve gedrückt. Durch diesen Knieschub wird die Kantenbelastung unterstützt. Der nach vorne zum Bug geneigte Körper legt sich jetzt leicht in die Kurve. Entscheidend für

eine runde Kurve mit gleichbleibend hoher Geschwindigkeit ist gleichmäßiger und konsequenter Druck auf die Leekante. Unregelmäßiges Be- oder Entlasten führt zu deutlichem Geschwindigkeitsverlust. Ist die Halse gut vorbereitet und eingeleitet, wird das Brett viel Drehimpuls haben und bei kontinuierlicher Brettsteuerung fast wie auf Schienen durch die Kurve fahren.

Der genaue Zeitpunkt der Segelrotation ist in erster Linie von der Drehbewegung des Brettes abhängig. Zu frühes Schiften kostet jedoch Geschwindigkeit. Im Vorwindbereich lässt der Segelzug deutlich nach. Wenn die Hochachse des Riggs zum Schiften jetzt senkrecht über dem Board steht, dreht das Rigg schon fast von selbst. Um die Rotation zu beschleunigen, wird das Rigg leicht nach Luv überzogen und erhält zusätzlich einen kleinen aktiven Impuls, indem der Mast mit Schwung vor dem Körper auf die neue Luvseite gezogen wird.

Fußwechsel und Schiften des Segels erfolgen fast gleichzeitig. Um ein Verkanten des Bretts zu vermeiden, können die Füße auch nach dem Schiften umgesetzt werden.

Wissen

Kinder surfen

Die Fotos unten zeigen einen 14jährigen Jugendlichen, der auch mit großem Slalomsegel und Slalomboard surft. Er übt immer – auch bei Leichtwind. Zum Üben steigt er auf ein leichtes Schulrigg um. Damit ist das Tricksurfen ein Kinderspiel.

Sobald Kinder das Schwimmen erlernt haben, gibt es eine neue Herausforderung: Surfen lernen! Schon ab 6 Jahren kann es losgehen. Vorausgesetzt, das Material, die äußeren Bedingungen und die Anleitungen stimmen. In Surfschulen gibt es mittlerweile eine große Auswahl an Kinderriggs ab 1,5 qm mit sehr leichten Alumasten und Gabelbäumen. Damit ist das Segelaufholen tatsächlich kinderleicht. Als Brett reicht bei dem geringen Körpergewicht ein 3,30 m langes Board, bestückt mit einer sehr kleinen Finne. Mit einer langen Slalom- oder Racefinne würde das Brett mit dieser Riggkombination nicht drehen.

Kinder lieben zweiteilige Neoprenanzüge (Long John mit Jacke) mit bequemem Arm- und Beineinstieg. Solche Anzüge mit verlängerbaren Schultereinsätzen (Klettverschlüsse) lassen den Anzug mitwachsen und komplettieren die Kiddyausrüstung.

Unter fachkundiger Anleitung sind die Jüngsten schon nach wenigen Stunden soweit, dass sie nicht nur Riggaufholen, anfahren und umdrehen können, sondern in spielerischer Form sogar erste Trickmanöver ausprobieren. Kinder wollen immer etwas Neues lernen und vor allem viel Spaß haben. Hierfür müssen Lerngelegenheiten geschaffen werden. In dieser Lernphase spielt auch das freie Surfen unter Aufsicht eine wichtige Rolle. Abwechslungsreiche Aufgabenstellungen (die Kurve groß oder klein fahren, schnell und langsam stoppen, sicher und genau lenken usw.) in Verbindung mit viel Lob und aufmuntern-

den Worten stärken die Motivation. Gemeinsame Kurzausflüge (Touren), bei denen Ziele am Ufer oder Horizont angesteuert werden müssen, oder gemeinsames Aufkreuzen mit unterschiedlich langen Schlägen dienen nicht nur der Bewegungssicherheit, sondern auch der besseren Wahrnehmung und Orientierung auf dem Wasser. Außerdem erwerben die Kids neue Fähigkeiten und lernen ganz automatisch, Board und Rigg zu kontrollieren.

Besonderen Spaß macht es Kindern, wenn sie von einem Longboardsurfer wie von einer Lokomotive gezogen werden. Dazu wird das Kinderboard mit einer vier Meter langen Leine an der hinteren Fußschlaufe des Longboards befestigt. Durch die vorgespannte Lok hat das Kind geringere Segelkräfte zu halten. Die perfekte Fahrstellung von Mutter oder Vater kann prima kopiert werden, und Wenden werden zum Erlebnis.

Auch Kinder schließen schnell Freundschaften beim Surfen.

Es macht Spaß, in der Gruppe zu lernen, man hilft sich und sitzt oft auch nach dem Kurs zusammen. So wundert es nicht, daß es eigentlich überall Wassersport-stationen gibt, die Surfkurse durchführen und Surfmaterial vermieten.

Surfschule

Wer einen warmen Sommertag an einem See verbracht hat, kann sich an das Bild erinnern: Stundenlang müht sich jemand mit einem Surfbrett ab und versucht, das Gerät in den Griff zu bekommen. Beim Zuschauen könnte man glauben, surfen wäre ein Badesport. Trotz reichlich vorhandener Ratschläge und auch viel Spaß beim Reinfallen, auf die Dauer ist das frustrierend. Dabei ist Windsurfen gar nicht schwer zu erlernen. Mit der richtigen Anleitung – der Besuch einer Surfschule zahlt sich sehr schnell aus – hat man schon nach wenigen Stunden ein großes Erfolgserlebnis. Windsurfinglehrerinnen und -lehrer, die

eine spezielle Ausbildung absolviert haben und sich täglich mit Surfunterricht auseinandersetzen, sehen auf einen Blick, wo die Probleme sind. Mit ausgefeilten Methoden und einem großem Repertoire an Übungen ist der Lernerfolg sicher. Viele Wassersportschulen geben sogar eine Erfolgsgarantie. Einen großen Anteil am schnellen Lernerfolg hat das richtige Material. Das kann man sich aus dem Freundeskreis, wenn diese selbst bereits fortgeschrittene Surfer sind, nur selten leihen.

Woran erkennt man eine gute Surfschule? Ein besonderes Qualitätsmerkmal besitzt die Schule, wenn sie anerkanntes Mitglied in einem Wassersportschulverband wie z.B. dem VDWS (Verband Deutscher Windsurfing- und Wassersportschulen e.V.) ist.

Über Verbandsregularien wird sichergestellt, dass die Schule strenge Aufnahmerichtlinien erfüllt hat und die beschäftigten Lehrkräfte im Besitz einer internationalen Ausbildungslizenz sind.

Setzt man sich einen Moment an den Strand, sieht man schnell, welche Atmosphäre in der Schule herrscht und ob die Schüler auch viel lachen. In einem persönlichen Gespräch mit dem Instruktor sollte dann die persönliche „Surfkarriere" besprochen werden.

SCHUL-CHECK

- Sind die Lehrkräfte fachlich geschult?
- Welche Lizenzen können sie vorweisen?
- Macht die Schule allgemein einen gepflegten äußeren Eindruck?
- Wie aufgeräumt ist die Schule, welchen Eindruck macht das Material?
- Sind Boards und Riggs gut sortiert und beschriftet?
- Gibt es leichte Schulriggs in verschiedenen Größen?
- Surfkurs: Wird die Ausrüstung (Board, Rigg, Neopren, Lehrhefte) ohne Zusatzgebühr gestellt?
- Gibt es eine Infotafel mit den Kursangeboten, Kursdauer und allen Preisen?
- Besteht die Möglichkeit, einen Grundschein zu erwerben? Wie hoch sind die Prüfungsgebühren?
- Kann man nach dem Kurs Boards mieten?

Riggspiele und andere vorbereitende Übungen an Land gehören zum Standard guter Surfschulen.

123

Ausweichregeln

Besondere Ausweichregeln gelten für Segelfahrzeuge untereinander:
1. Steuerbordbug weicht Backbordbug: Haben zwei Segelfahrzeuge der Windrichtung und ihrem Kurs entsprechend die Segel auf unterschiedlichen Seiten, muss das Fahrzeug ausweichen, welches das Segel über der rechten (Steuerbord) Seite hat, das andere ist kurshaltepflichtig.
2. Luv weicht Lee: Haben beide Segler den Wind von der gleichen Seite und damit das Segel auf der gleichen Seite, muss das Segelfahrzeug in Luv ausweichen, das in Lee muss seinen Kurs halten.
3. Freihalten: Überholende Fahrzeuge müssen sich freihalten.

Das überholende Fahrzeug muss sich freihalten.

Selbstverständlich muß es auch auf dem Wasser Regeln geben, nach denen man sich zu Verhalten hat.

Ein Grundsatz vorweg: Badezonen sind für Surfer strikt verboten, aber auch in freiem Wasser muss von Schwimmern ein großer Sicherheitsabstand (mindestens eine Mastlänge) gehalten werden.

Bei den Ausweichregeln für Wasserfahrzeuge unterscheidet man zunächst in Berufsschiffahrt und Sportschiffahrt. Letztere teilt sich auf in Segelsportler, zu denen auch die Windsurfer zählen, Sport-

motorboote und muskelbetriebene Fahrzeuge. Grundsätzlich hat die Berufsschiffahrt Wegerecht, dazu gehören Fähren, Passagierschiffe, Fischereifahrzeuge oder Polizeifahrzeuge. Segelbetriebene Boote und Windsurfer wiederum haben Vorrang vor Motorsportbooten. Und auch die muskelkraftbetriebenen Ruder- und Paddelboote müssen den Seglern eigentlich ausweichen. Da Tretbootfahrern aber diese Regeln kaum geläufig sein dürften, sollten sich Surfer mit einem deutlichen Schwenk freihalten.

Am häufigsten treffen wohl Surfer oder Segler aufeinander, wobei dann die drei Ausweichregeln (siehe Kasten) zum Einsatz kommen. Als einfache Regel für Surfer kann man sich merken: Rechte Hand am Mast – Kurshaltepflicht, linke Hand am Mast – Ausweichpflicht.

Fahren zwei Seglerfahrzeuge auf sogenanntem Kollisionskurs, muß ausweichen, wer sein Segel auf Steuerbord, also der rechten Seite, hat (auf Steuerbordbug segelt). Das Ausweichmanöver muß rechtzeitig, entschlossen und eindeutig erfolgen.

Um klare Verhältnisse zu haben, ist das auf Backbordbug segelnde Fahrzeug kurshaltepflichtig, muss also Fahrtrichtung und Geschwindigkeit beibehalten. Macht der Ausweichpflichtige trotz mehrerer Zurufe keine Anstalten, seinen Kurs zu ändern, muß das eigentlich kurshaltepflichtige Fahrzeug ausweichen, um eine Kollision zu vermeiden. Dieses „Manöver des letzten Augenblicks" kann je nach Situation z.B. ein extremes Anluven sein oder ein Stoppmanöver durch Backhalten oder Ablegen des Riggs nach Lee aufs Wasser.

Vor einer längeren Surftour: Sicherheitsrüstung checken.

Was tun bei Problemen?

Trotz vorherigem Sicherheitscheck und aller Vorsicht ist es nicht auszuschließen, dass man in eine Notsituation gerät. Ein Mastfußdefekt, und schon ist das Surfbrett nicht mehr manövrierbar. Bei auflandigem Wind kein Problem, irgendwie wird man schon ans Ufer getrieben. Ablandiger Wind treibt einen jedoch schnell aufs offene Wasser ab. Zunächst gilt es, kühlen Kopf zu bewahren. Was ist kaputtgegangen, und kann ich es vielleicht provisorisch reparieren? Falls nicht, wie weit bin ich vom Ufer entfernt, kann mich jemand sehen?

Als Notsignal gibt es zwei Möglichkeiten:
1. Auf dem Brett kniend beide Hände seitlich auf und ab bewegen.
2. Auf dem Brett stehend (an der Aufholleine stabilisieren) möglichst mit einem gut sichtbaren Gegenstand (z.B Trapezgurt) in der Hand vor dem Körper große, langsame Kreisbewegungen machen. Damit man im Notfall besser gesehen werden kann, sollte das Rigg halb aus dem Wasser gezogen sein. Das ist zwar kräftezehrend und verstärkt auch die Abdrift, ist manchmal aber auch die einzige Chance.

REVIER-CHECK
• Gibt es gefährliche Strömungen oder Untiefen, die man nicht erkennen kann? • Was ist die Hauptwindrichtung, und gibt es erkennbare Anzeichen für plötzliche Wetterverschlechterungen? • Sind Surfverbotszonen ausgewiesen, oder gibt es Schiffahrtswege und Hafeneinfahrten? • Gibt es in dem Revier ein Alarmierungssystem wie z.B. eine rote Flagge oder Blinkzeichen?

AN- UND ABMELDEN
Generell immer. Insbesondere bei: • Längeren Surftouren • Surfen am Meer • Bei starkem oder ablandigem Wind

SURFTOUR-AUSRÜSTUNG
• Ersatzmastfuß • Finne und Tampenset • Werkzeug (z.B. Leatherman-Messer) • Bei Surftour: Rucksack, evtl. Handy, Kleingeld • Telefonnummer der Surfschule, Revierkarte • Trinkwasser

SURFTOUR-CHECK
• Wie viele Personen und wer surft mit? • Segelgröße der Teilnehmer? • Segelfarbe, Brettyp der Teilnehmer? • Dauer des Ausflugs? • Welches Ziel wird angesteuert? • Wer surft mit wem eng zusammen? • Sicherheitsausrüstung vorhanden?

Wenn mit den genannten Maßnahmen wenig Erfolgsaussichten bestehen, muss man selbst aktiv werden und versuchen, ans rettende Ufer zurückzupaddeln. Wichtigste Regel: Immer auf dem Brett bleiben und paddeln, niemals versuchen, an Land zu schwimmen. Beim Paddeln darf man keinesfalls den Fehler machen, direkt gegen den Wind oder gegen eine Strömung anzupaddeln. Auch wenn es einen Umweg bedeutet, das Paddeln schräg oder quer zu Wind oder Strömung ist effektiver. Manchmal kann das Rigg zusammengepackt auf dem Board mittransportiert werden. Meistens ist das Abriggen auf dem Wasser mit modernen Segeln nicht so einfach. Ohne Rigg kommt man viel schneller voran und vermeidet zudem, beim Abriggen immer weiter abgetrieben zu werden.

Paddeln ist mit dieser Technik nur bei glattem Wasser und Flaute möglich.

RIGG	PRÜFEN AUF:
Mast	Risse
Segel	Scheuerstellen, besonders an den Cambern und Lattentaschen defekte Spanner ausgeleierte Ösen brüchiger Monofilm
Gabelbaum	Befestigung der Beschläge
Tampen	Scheuerstellen

Sicherheit geht vor!

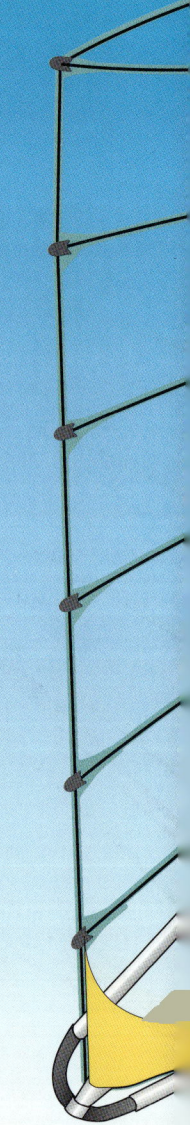

Beim spielerischen Umgang mit dem Surfbrett wird oft vergessen, dass es sich um ein Gerät handelt, das regelmäßig gewartet werden muß. Anders als im Straßenverkehr bedeutet eine Panne auf dem Wasser zunächst mal Abtreiben, was auf großen Seen oder am offenen Meer gefährlich werden kann. Den regelmäßigen Materialcheck vor und nach dem Surfen sollte sich jeder angewöhnen, besonders bei viel Wind oder vor dem Start zu einer Surftour. Angescheuerte Tampen sind auszuwecheln, der Mast ist auf feine Haarrisse zu untersuchen. Sitzt der Mastfuß fest im Brett, und ist die Finne richtig eingeschraubt, sind die Trapeztampen in Ordnung?

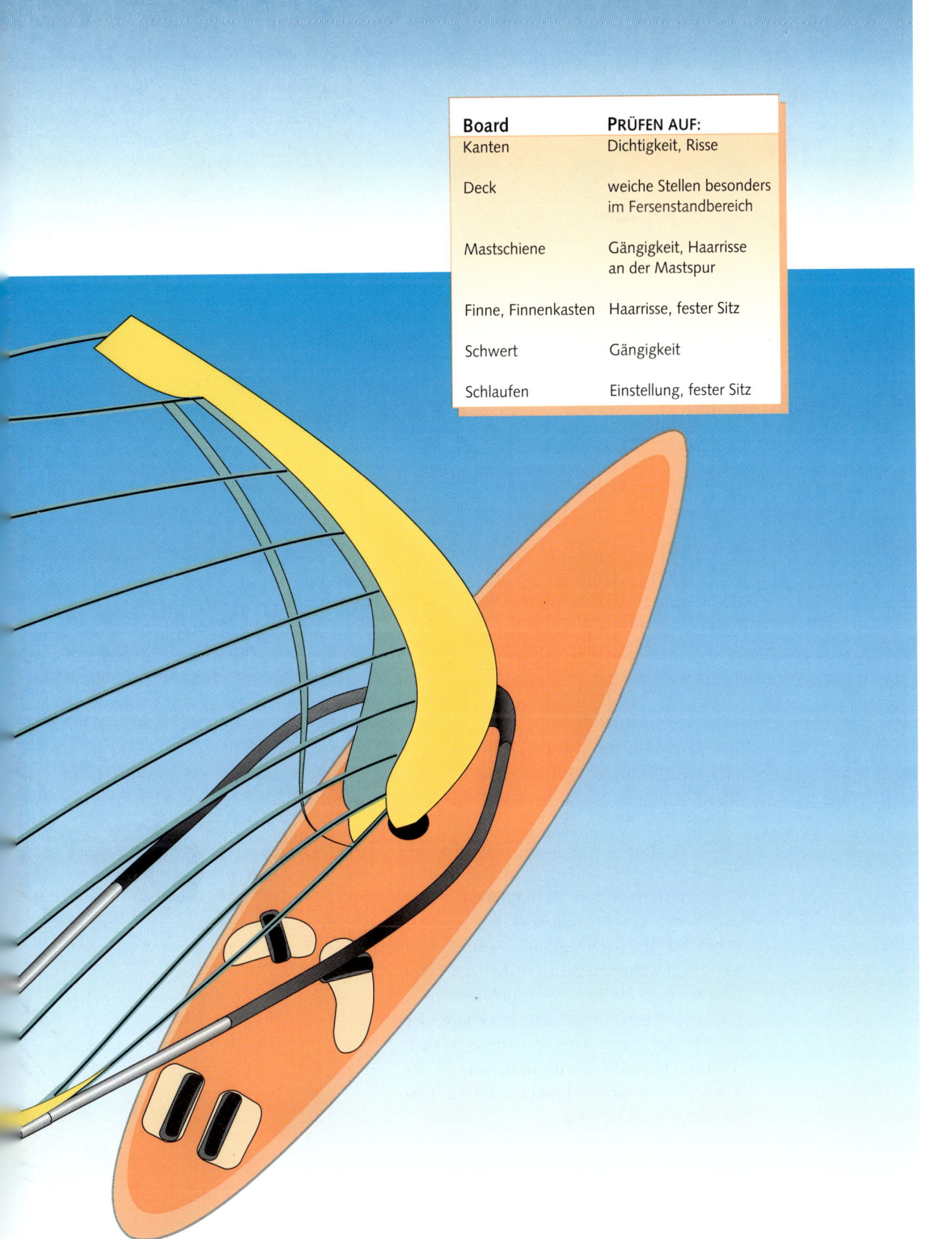

Board	PRÜFEN AUF:
Kanten	Dichtigkeit, Risse
Deck	weiche Stellen besonders im Fersenstandbereich
Mastschiene	Gängigkeit, Haarrisse an der Mastspur
Finne, Finnenkasten	Haarrisse, fester Sitz
Schwert	Gängigkeit
Schlaufen	Einstellung, fester Sitz

Wörterbuch

Abdrift: Seitliches Abtreiben eines Brettes, bedingt durch die anteilige *Querkraft* im Segel, besonders bei *Amwindkursen*

Abfallen: Richtungsänderung weg vom Wind, nach *Lee*

Ablandig: Windrichtung vom Land auf das Wasser

Achterliek: Hintere Kante des Segels

Achtern: Hinten

Amwindkurs: Ein Kurs schräg zum Wind, mit dem man *Höhe* gewinnt.

Anluven: Richtungsänderung zum Wind hin, nach *Luv*

Anstellwinkel: Winkel, in dem das Segel zum *relativen Wind* eingestellt wird

Atmosphärischer Wind: Tatsächlich wehender Wind, auch wahrer Wind genannt

Auffieren: Siehe *fieren*

Aufholleine: Am *Gabelbaum* befestigte Leine, die bis zum *Mastfuß* reicht, um das *Rigg* aus dem Wasser zu ziehen

Auflandig: Windrichtung vom Wasser in Richtung Land

Aufschießer: Mit dem Brett zum Abbremsen direkt in Windrichtung anluven

Auftrieb: Kraft, die am Segel entsteht, wenn es laminar angeströmt wird; statischer Auftrieb des Bret-

tes, siehe *Volumen* und *Restauftrieb*; hydrodynamischer Auftrieb entsteht am Brett in Fahrt

Ausweichpflicht: Wer kein *Wegerecht* hat, muß ausweichen.

Backbord: In Fahrtrichtung gesehen linke Seite

Backbordbug: Das Segel steht auf der Backbordseite

Backhalten: Segel von der Leeseite gegen den Wind drücken

Beaufort: Bezeichnung für Windstärken, Abkürzung Bft.

Bö: (auch Böe) Plötzlicher Windstoß, oft mit Winddrehung

Bug: Vorderer Teil des Brettes

Camber: Profilgeber, zum Abstützen der Segellatten am Mast

Dichtholen: Segel gegen den Winddruck heranziehen; also Winkel zwischen Längsachse des Brettes und *Segelsehne* verkleinern

Dichtlippen: Gummistreifen am *Schwertkasten*, damit bei schneller Fahrt kein Wasser hochspritzt

Durchsetzen: Etwas strammer ziehen, z.B. das Vorliek

Fahrstellung: Die Position nach dem Start, wenn das Brett geradeausfährt

Fahrtwind: Wind, der durch Fahrt entsteht; kommt immer von vorne

Fieren: Segel öffnen, also Winkel zwischen Brettlängsachse und

Segelsehne vergrößern, um den Wind rauszulassen

Finne: Am *Heck* montierte profilierte Platte für die Richtungsstabilität und Minderung der *Abdrift*

Finnenkasten: Kunststoffkasten, in den die Finne eingeschraubt wird; wird oft auch als *Mastspur* verwendet

Foliensegel: Segel aus durchsichtiger Folie (Monofilm), leicht, aber auch empfindlich

Footpads: Neoprenplatten auf dem Brett im Bereich der *Fußschlaufen*, um die Standfestigkeit zu verbessern und Schläge abzufedern

Frontstück: Siehe *Gabelbaumkopf*

Fußsteuerung: Steuerung durch Gewichtseinsatz und Ankanten des Brettes

Fußschlaufen: Auf dem Brett montierte Schlaufen für Starkwind und Welle

Gabelbaum: Metallbügel zum Spannen des Segels zwischen Mast und *Gabelbaumende*

Gabelbaumende: Hinteres Ende des Gabelbaums mit *Trimm*vorrichtung für das *Schothorn*

Gabelbaumkopf: Vorderes Ende des Gabelbaums (Frontstück) mit Schnellverschluss zur Befestigung am Mast

Gewichtstrimm: Körpereinsatz, um das Brett flach zu halten oder für die *Fußsteuerung* anzukanten

Grundstellung: Warte- und Sicherheitsposition auf dem Brett quer zum Wind, bei der das Segel frei nach Lee hängt

Halbwindkurs: Fahrtrichtung etwa rechtwinklig zum *atmosphärischen Wind*

Halse: Manöver, bei dem nach dem Abfallen das *Heck* durch den Wind dreht und die Segelseite gewechselt wird

Heck: Hinterer Teil des Brettes

Hoch am Wind: Kurs, bei dem man maximale *Höhe* nach Luv gewinnen will

Höhe: Distanz von einem bestimmten Punkt nach *Luv*

Im Wind: Eine Position mit dem Brett, bei der der Wind genau von vorne kommt (nach einem *Aufschießer* oder bei der *Wende*)

Killen: Wenn das Segel nicht mit Wind gefüllt ist und flattert

Kollisionskurs: Zwei Surfer fahren so aufeinander zu, dass es zum Zusammenstoß käme, wenn keiner ausweicht.

Kreuzen: Zick-Zack-Kurs zu einem Ziel in *Luv*

Kreuzgelenk: Kardangelenk am *Mastfuß* als Alternative zum *Powerjoint*

Kurs: Fahrtrichtung des Brettes bezogen auf den *atmosphärischen Wind*

Kurshaltepflicht: Bei einem *Kollisionskurs* muss das Brett mit *Wegerecht* seinen *Kurs* halten, damit das *ausweichpflichtige* Brett reagieren kann.

Laminat: Aus mehreren Schichten bestehende Außenhaut des Brettes

laminare Strömung: Wenn der Wind ohne Verwirbelungen parallel am Segel entlang strömt

Lateralfläche: Seitlich wirksame Fläche des Brettes, die die *Abdrift* mindert

Latten: Dünne Stangen im Segel, die das Segelprofil stabilisieren

Lattentaschen: Auf das Segel aufgenähte Taschen für die Segellatten

Lee: Dem Wind abgewandte Seite

Leegierig: Wenn das Brett dazu neigt, selbständig abzufallen

Liek: Seite eines Segels

Long John: Ein langer *Neoprenanzug* nur mit Schulterstreifen, die Arme sind frei

Luv: Dem Wind zugewandte Seite

Luvgierig: Wenn das Brett dazu neigt, selbständig anzuluven

Mastfuß: Mit *Powerjoint* oder *Kreuzgelenk* das Verbindungsteil zwischen Brett und Rigg

Mastschiene: In das Deck eingelassene Schiene mit beweglichem Schlitten, in der der *Mastfuß* nach vorn und *achtern* getrimmt werden kann

Mastspur: Statt *Mastschiene* eingebaute Aufnahmevorrichtung (oft ein *Finnenkasten*) für den *Mastfuß*

Masttasche: Am *Vorliek* angenähter Schlauch für die Aufnahme des Mastes

Masttopp: Oberes Ende des Mastes

Mastverlängerung: Ein Verbindungsrohr zwischen *Mastfuß* und Mast zur Verlängerung des Mastes

Neopren oder **Neo:** Wasserdichtes, geschäumtes Gummimaterial; auch Kurzbezeichnung für Surfanzüge aus diesem Material zur Verhinderung der Auskühlung auf dem Wasser

optimaler Kurs: Kompromiss zwischen *Höhe* und Geschwindigkeit beim *Kreuzen* nach *Luv*

Profil: Form und Wölbung des Segels; maßgeblich ist unter anderem die Profiltiefe und die Lage des tiefsten Punktes der Wölbung

Projizierte Fläche: strömungswirksame Fläche des Segels oder des Brettes. Wird das Segel stark nach Luv überzogen, wird die projizierte Fläche kleiner. Die *Lateralfläche* des Brettes wird mit zunehmender Abdrift größer.

Powerjoint: Aus Gummi oder Kunststoff bestehendes allseitig biegsames Verbindungsstück am *Mastfuß*

Querkraft: zur Seite gerichtete Komponente der *Segelkraft*

Raceboard: ca. 3,60 m langes Brett mit viel Volumen, extrem auf Geschwindigkeit gebaut

Raumwindkurs: Kurs des Brettes schräg vom Wind weg

Relativer Wind: Resultierender Wind aus *Fahrtwind* und *atmo-*